Umut Özdemir
Leichter lieben

UMUT ÖZDEMIR

LEICHTER LIEBEN

Weil Beziehung auch
einfach geht

dtv

MIX
Papier | Fördert
gute Waldnutzung
FSC® C083411

© 2023 dtv Verlagsgesellschaft mbH & Co. KG, München
Umschlaggestaltung: FAVORITBUERO, München
unter Verwendung eines Fotos von Mehran Djojan
Satz: Nadine Clemens, München
Gesetzt aus der Minion Pro
Druck und Bindung: CPI books GmbH, Leck
Printed in Germany • ISBN 978-3-423-26352-8

Für dich, der/die du das liest. Dafür, dass du dir Gedanken um deine Beziehung machst und dich weiterentwickeln willst.

◆

Ich danke allen Patient:innen, die den Mut hatten und haben, sich mir gegenüber zu öffnen. Ich bewundere jede einzelne Person dafür, dass sie sich ihren Problemen, ihren Befürchtungen, ihrer Scham und ihren vermeintlichen Schwächen stellen und sich weiterentwickeln will. Ich weiß, das ist nicht leicht.

◆

Alle berichteten Fälle basieren auf wahren Begebenheiten, sind jedoch so anonymisiert, dass sie nicht auf eine Einzelperson zurückgeführt werden können.

INHALT

DAMALS

2013

Wir sitzen an einem Samstag am Frühstückstisch. Ich habe einen Käse- und Aufschnittteller hergerichtet, Eier gekocht, Brötchen aufgebacken.

Du darfst auswählen: Filterkaffee? Mokka aus einer Caffettiera? Türkischen Schwarztee? Orangensaft?

Ich gebe mir Mühe, wir daten uns nämlich erst seit drei Monaten. Du hast letzte Nacht in meiner noch spärlich eingerichteten neuen Wohnung geschlafen, und ich will mich von meiner besten Seite zeigen. Ich will dir zeigen, dass man mit mir genussvoll ins Wochenende starten kann.

Ich habe ein paar deutsche, aber auch ein paar türkische Sachen hingestellt. Das deutsche Essen ist dir bekannt, das türkische Essen aber ist neu, vielleicht wie ein schönes Abenteuer. So wie ich. Ich bin Deutschland-Türke, jemand, der in Deutschland geboren wurde, aber türkische Eltern hat. Ich wandle zwischen den Kulturen und mag Teile von beiden. Andere Aspekte aus beiden Kulturen finde ich eher so semi. Und genau das will ich dir zeigen. Ich lade dich ein in meine Welt. Ich teste, wie du auf die türkischen Anteile auf dem Frühstückstisch reagierst, weil ich dir Stück für Stück mehr von mir und meinen türkischen, also dir unbekannten, Anteilen zeigen will. Wenn du Sucuk, die türkische Knoblauchwurst, magst, vielleicht magst du ja dann auch andere türkische Dinge? Und wenn du andere türkische Dinge magst, vielleicht magst du dann auch die türkischen Anteile in mir? Wenn dir aber nichts vom türkischen Käse, der türkischen Wurst, von den türkischen Frühstücksgerichten schmeckt, dann verfalle ich in meine für mich typischen Denkmuster und befürchte, dass du auch die türkische Seite in mir nicht mögen wirst. Ich kenne doch mich und meine Denkmuster, schließlich habe ich Psychologie studiert und vor etwa einem halben Jahr meinen Abschluss gemacht. Von alledem erzähle ich dir aber nichts. Ich versuche, dir zwischen den Zeilen Infos zu schicken und teste dich gleichzeitig. Wenn du den Test bestehst, werde ich überglücklich sein. Wenn du durchfällst, werde ich ins Grübeln kommen. Ich werde mich fragen, ob wir überhaupt eine gemeinsame Zukunft haben können.

Absurderweise weiß ich, dass ich dich teste – aber du weißt nicht, dass du getestet wirst. Dadurch verspreche ich mir eine authentischere Reaktion. Aber eigentlich sind wir nicht auf Augenhöhe. Ich lasse das nicht zu. Wenn ich dich geradeheraus fragen würde, würdest du bestimmt mir zuliebe eine diplomatische Antwort abgeben oder so tun, als würdest du türkisches Essen und die türkischen Anteile in mir mögen. Und fünf Jahre später wache ich in einer unglücklichen Beziehung auf. So zumindest meine Denkweise.

Wir frühstücken, und dir schmeckt alles. Du lässt sogar alles, was dir bekannt ist, links liegen – Butterkäse, Gouda, Salami, nein danke! Du möchtest mehr türkischen geflochtenen Käse, Sucuk, Schwarztee. Dir schmeckt sogar eine typische türkische Frühstückssüßspeise, und du dippst dein Brötchen rein, so wie meine Familie es machen würde. Dabei finde selbst ich den Geschmack gewöhnungsbedürftig. Einhundert Punkte für dich!

Während wir essen, stellst du mir eine vermeintlich banale Frage.

Heute, zehn Jahre später, weiß ich überhaupt nicht mehr, was du gefragt hast, weil sich das, was danach passiert ist, so eingebrannt hat. Ich weiß nur noch, dass du mit aufrichtigem Interesse etwas über mich gefragt hast und wissen wolltest. Und in dem Moment hat es einen Schlag gegeben.

Plötzlich, wie aus dem Nichts, vermute ich, dass du aufrichtiges, ehrliches, authentisches Interesse an mir hast. Du findest mich gut. Vielleicht entwickelt sich da gerade Liebe. »Ich werde als Mensch gemocht, so wie ich bin«, schießt mir durch den Kopf.

Ich merke ein Engegefühl in meiner Brust. Ich kann förmlich spüren, wie ich meine Augen aufreiße wegen meiner Erkenntnis. Ich antworte nur halb auf deine Frage und baue die sprichwörtliche Mauer auf, die viele Menschen kennen. Viele kennen die Mauer, ich bin aber der Maurermeister.

Ich suche einen fadenscheinigen Grund und breche einen Streit vom Zaun. Nach ein paar Minuten Diskussion und Streit höre ich mich selber sagen: »War ja klar, siehste, es passt nicht zwischen uns! Ich denke, du solltest deine Sachen packen und gehen. Es ist vermutlich besser, wenn wir uns nicht mehr sehen«, und ich werfe dich aus meiner Wohnung. Ich kann dir ansehen, dass du völlig irritiert bist. Ich kann in deinem Gesicht ablesen, dass es doch so gut lief – »Was ist plötzlich in ihn gefahren?«, fragst du dich. Das frage ich mich auch. Die Antwort werde ich erst ein paar Jahre später finden. Bis dahin steht mir ein unangenehmer Weg durch mich, meinen Kopf und mein Herz bevor – aber das weiß ich an diesem Tag noch nicht. An diesem Tag lasse ich den Tisch gedeckt und verkrieche mich in mein Bett, aus dem ich das ganze Wochenende nicht mehr aufstehen werde …

EINFÜHRUNG: DIE PSYCHOLOGIE DER PARTNERSCHAFT UND LIEBE

LEICHTER LIEBEN, DAS KLINGT NACH einem nur allzu verlockenden Versprechen. Wer sehnt sich nicht danach, dass unsere Beziehung, die einen so großen Teil unseres Lebens ausmacht, manchmal einfach ein bisschen weniger kompliziert ist. Egal ob die Partnerschaft noch den Reiz des Anfangs innehat oder man schon Jahre oder gar Jahrzehnte gemeinsam erlebt hat – immer wieder stehen die meisten Paare vor kleineren oder größeren Hindernissen. Ich wünschte, ich könnte nun auf den folgenden Seiten *die* Formel aufstellen, wie ganz einfach alle Hürden über Bord geworfen werden können und uns die Liebe nun keine Sorgen mehr bereiten muss. Aber du ahnst wohl schon, dass es ganz so leicht nicht sein kann.

Es gibt dennoch bestimmte Punkte, die viele von uns, als Individuum oder als Paar, im Leben einholen. Ist man sich dieser bewusst – und dieses Bewusstsein will ich in diesem Buch schaffen –, ist man der Leichtigkeit in der Liebe auf jeden Fall einen Schritt näher. Beginnen wir mit den Grundlagen.

Was ist Liebe eigentlich? Wie würdest du Liebe definieren, wie tut es dein:e Partner:in? Verstehen wir alle dasselbe darunter, oder gibt es Unterschiede?

Menschen definieren Liebe unterschiedlich. Manche Definitionen sind sich ähnlich, andere total unterschiedlich. Wir scheinen also verschiedene Konzepte von Liebe im Kopf zu haben, ohne zu wissen, ob wir über dasselbe sprechen. Das Gleiche spielt sich in der Psychologie ab: Auch sie hat verschiedene Ideen, was das Konstrukt Liebe angeht.

LIEBE IST …

Oft werden bei der Liebe zwei Untertypen unterschieden, die aber beide zu jeweils typischen Gedanken, Gefühlen und Verhalten führen: *passionate love* und *companionate love*.[1]

Bei *passionate love* kommt es zu einer gedanklichen Beschäftigung mit der anderen Person, die fast schon zwanghaft wirkt. Wir denken ständig an sie, wir überidealisieren sie und sehen ihre Fehler und Schwächen nicht. Emotional erleben wir eine Freude, eine übermäßige sexuelle Anziehung bis hin zu Ekstase, wenn die Person anwesend ist. Ist sie abwesend, verbringt mal Zeit mit ihrem Freundeskreis, dann kann das Gefühl ins Gegenteil bis hin zu starker Trauer ausschlagen. Und auch körperlich bemerken wir Reaktionen: Bei *passionate love* erhöht sich unser Herzschlag, wir schwitzen ein bisschen, uns wird warm, wir erröten, und wir haben die berühmten Schmetterlinge im Bauch. Wir wollen am liebsten den ganzen Tag im Bett bleiben, Sex haben und miteinander kuscheln. Erinnert dich das an was? Gesellschaftlich, im Alltag, nennen wir das »verknallt sein«. Und tatsächlich zeigt sich, dass *passionate love* am Anfang des Kennenlernens und im Anfangsstadium einer Partnerschaft auftritt. Wir tragen die berühmte rosarote Brille und denken wenig beziehungsweise wenig logisch oder kritisch.

Mit der Zeit nehmen vor allem die körperlichen Reaktionen ab: Wir haben nicht über Jahre und Jahrzehnte hinweg Herzklopfen und Schmetterlinge im Bauch – das wäre auch körperlich wirklich anstrengend.

Wir landen dann im Zustand von *companionate love*. Diese Art der Liebe ist weniger intensiv oder weniger leidenschaftlich, geht aber dafür mit einer stärkeren emotionalen Verbundenheit einher. Wenn wir vorher von »verknallt sein« gesprochen haben, dann sind wir jetzt bei »verliebt sein«. Wir beschäftigen uns gedanklich nicht mehr in jeder freien Sekunde mit der anderen Person, und wir idealisieren sie nicht. Wir wissen um die Macken oder Schwächen des Gegenübers. Wir nehmen eine realistische Einschätzung vor. Das bedeutet aber auch, dass wir die Person so wie sie ist akzeptieren. Wir wissen, der oder die andere ist nicht perfekt. Und das nimmt auch Druck von uns selbst: Wenn mein Gegenüber nicht perfekt ist, dann muss ich es auch nicht sein. Im Gegenzug darf auch ich mich so zeigen, wie ich bin. Wenn wir nun um die Macken der anderen Person wissen – vielleicht lässt sie Kleidung herumliegen, vielleicht kann sie nicht kochen –, dann gehen wir Kompromisse ein. Vielleicht sind wir komplett unterschiedliche Urlaubstypen. Eine Person möchte alle Tage des Urlaubs verplanen, Sightseeing machen, in Museen gehen, möglichst viel sehen und erleben. Die andere will die ganze Zeit am Strand liegen und einfach mal nichts tun. Im Zustand von *companionate love* geben wir in der Regel unsere rein egoistischen Wünsche auf und gehen Kompromisse ein, damit unsere Partnerschaft funktioniert. Wir einigen uns auf einen Urlaub mit beidem: Wir unternehmen etwas *und* bauen Strandtage ein.

In diesem Stadium der Beziehung nimmt oft auch die Häufigkeit von gemeinsamem Sex ab. Dafür wird er aber besser auf einer anderen Ebene: Wir vertrauen einander mehr, können uns besser fallen lassen und sprechen auch mehr über Sex. Wir achten die Wünsche der anderen Person, und im Zusammenspiel führen diese Aspekte zu einer erhöhten sexuellen Zufriedenheit, weil wir uns einander intimer verbunden fühlen als zu Beginn.

Der Übergang von *passionate* zu *companionate love* vollzieht sich in etwa sechs bis dreißig Monate nach Beginn der Partnerschaft. Es gibt auch Paare, die angeben, dass sie so verliebt seien wie an Tag eins und auch nach Jahrzehnten noch Schmetterlinge im Bauch erleben – das ist aber seltener als Langzeitbeziehungen, die in *companionate love* übergehen.

... EIN DREIECK?

Eine andere, umfassendere Erklärung ist die Dreieckstheorie der Liebe.[2] Hier wird nun gesagt, dass Liebe drei Komponenten habe: intimacy (Intimität), commitment (Festlegung) und passion (Leidenschaft). Eine Übersetzung der englischen Begriffe ist schwierig, weil mit der Übersetzung auch Bedeutungsverlust einhergeht. *Intimacy* ist die emotionale Dimension. Hier ist nicht körperliche Intimität gemeint, sondern emotionale Nähe. Es beschreibt die Verbundenheit zu einer Person, die wir erleben, unsere Connection mit jemandem. Wir liegen auf einer Wellenlänge. *Commitment* ist eine kognitiv-rationale Dimension – wir entscheiden uns bewusst für eine Person; dafür, gemeinsam durch dick und dünn zu gehen und auch in schweren Zeiten füreinander da zu sein. *Passion* wiederum ist eine motivationale Dimension, wir möchten etwas machen: Ganz spezifisch sind hier körperliche Anziehung und sexuelle Begierde gemeint. Und in diesem dritten Aspekt liegt der Unterschied zur Liebe, die wir für unsere Familien und Freund:innen empfinden. In der Liebe, die wir dort empfinden, können wir uns für die Freundschaft und den Kontakt mit dieser Person entscheiden (*commitment*) und wir können eine tiefe Verbundenheit fühlen, aber es fehlt die sexuelle Komponente *passion*. In unserer Partnerschaft ist sie jedoch hoffentlich anwesend.

Passion, Leidenschaft, für andere Menschen entsteht schnell und erreicht einen Höhepunkt – nimmt aber auch mit der Zeit ab. Es ist also erwartbar, dass wir mit der Zeit weniger sexuelle Begierde für unser Gegenüber empfinden. Die Idee ist, dass *intimacy* und *commitment* die Abnahme von *passion* kompensieren sollen. Wenn das gelingt, dann ist die Wahrscheinlichkeit hoch, dass es zu einer Langzeitpartnerschaft kommt. Wenn aber nach der anfänglichen sexuellen Anziehung wenig *intimacy* und *commitment* auftreten – ganz plump

Form von Liebe	Passion	Intimacy	Commitment	Beispiel
Nonlove (keine Liebe)	N	N	N	Bekannte
Liking (Mögen)	N	J	N	Freundschaften
Infatuation (Vernarrtheit)	J	N	N	Verknallt sein
Empty love (leere Liebe)	N	N	J	Manche arrangierte Ehen
Fatuous love (illusorische Liebe)	J	N	J	Fernbeziehungen
Romantic love (romantische Liebe)	J	J	N	Freundschaft plus; friends with benefits
Companionate love (kumpelhafte Liebe)	N	J	J	Glückliche Langzeitbeziehungen
Consummate love (alles einnehmende Liebe)	J	J	J	»Epische« Liebe wie in Disney-Filmen oder in Literaturklassikern

Tabelle 1: Lehmillers Darstellung verschiedener Liebesformen ausgehend von Sternbergs Dreieckstheorie der Liebe.[3]

ausgedrückt: wenn wir also im Bett miteinander super funktionieren, aber keine anständige Unterhaltung im Alltag führen können –, dann ist es eher unwahrscheinlich, dass wir eine Langzeitbeziehung miteinander führen werden. Mit dem Modell von *passionate love* und *companionate love* gesagt, bedeutet das: Zu Beginn, während *passionate love*, ist viel *passion* vorhanden, und mit der Zeit, wenn wir in den Zustand von *companionate love* übergehen, wird *passion* weniger. In der Dreieckstheorie wird nun aber einen Schritt weiter gegangen: Je nach Kombination der drei Aspekte, je nachdem, ob oder welche der drei Faktoren anwesend sind, wird zwischen acht verschiedenen Formen von Liebe unterschieden.

Obwohl angemerkt wird, dass keine dieser acht Formen besser oder schlechter sei, also dass keine Bewertung vorgenommen werde, komme ich nicht drum herum zu schmunzeln. Manche Begriffe, die verwendet werden, sind bereits selbst wertend: Vernarrtheit, leere Liebe und illusorische Liebe wecken eine negative Assoziation und werten zwischen den Zeilen ab. Und eine epische Liebe wie in Disney-Filmen, also dass wir über Jahrzehnte so verknallt sind wie am ersten Tag, ist unrealistisch. Ich will nicht ausschließen, dass es Paare gibt, die eine solche epische Liebe erleben, das ist aber selten. Filme und Bücher haben vielen Menschen diese Form von Liebe, Beziehung und Partnerschaft eingeredet, da brauchen wir nicht auch noch die Psychologie, die das macht.

Die bittere Wahrheit ist, dass eine Beziehung, neben all den schönen Aspekten, auch Arbeit bedeutet. Wir diskutieren, wir gehen Kompromisse ein, wir nehmen uns auch mal zurück, um den Bedürfnissen der anderen Person Raum zu geben. Dennoch kann diese Theorie ganz nützlich sein, um die verschiedenen Arten von Liebe, die wir unterschiedlichen Menschen gegenüber empfinden, zu beschreiben.

Wir alle messen den drei Komponenten in diesem Dreieck unterschiedliche Bedeutungen zu, das heißt, wir haben individuelle Wertigkeiten von *passion*, *intimacy* und *commitment* und somit unser eigenes Dreieck. Unsere idealen Partner:innen sind diejenigen, deren Liebesdreiecke zu unserem eigenen Dreieck bestmöglich passen.

Welche Komponenten sind dir wichtig?
Welche deinem Partner beziehungsweise deiner Partnerin?

... EIN INVESTMENT?

Eine dritte psychologische Theorie der Liebe orientiert sich an der Betriebswirtschaft.[4] Das mag nun sehr unromantisch klingen. Vielleicht empört sogar manche die Vorstellung, etwas so Emotionales wie die Liebe anhand von Wirtschaftlichkeit zu beschreiben – aber sind wir Menschen denn nur emotional oder haben wir nicht auch die Logik in uns? Gerade bei Promis, sagen wir mal: sehr junge Frau und alter Mann, sind Klatschpresse und Kommentarspalten im Internet voll von der Idee, dass der alte Mann reich und die junge Frau geldgeil sein müssten. Ich persönlich habe da noch nie gelesen: »Vielleicht bringt er sie einfach zum Lachen?«

Im Investmentmodell der Liebe wird die Intention, in einer Partnerschaft zu bleiben, als mathematische Gleichung dargestellt:

Intention, in Partnerschaft zu bleiben = Zufriedenheit + Qualität der Alternativen + Investitionen

Hiernach liegen der Entscheidung, ob wir in einer Partnerschaft bleiben wollen, drei Faktoren zugrunde. Wie bewerten wir unsere Beziehung (Zufriedenheit), wie bewerten wir die anderen Menschen, die wir potenziell daten könnten (Qualität der Alternativen), und wie viel haben wir bisher (materiell, aber auch emotional) schon investiert?

Menschen scheinen am ehesten die Absicht zu haben, in einer Partnerschaft zu bleiben, wenn sie zufrieden sind, wenig Alternativen haben, was potenzielle Datingpartner:innen angeht, und bereits viel in ihre aktuelle Beziehung investiert haben.[5] Und all das stärkt eine Partnerschaft, weil es pro-soziales beziehungsweise propartnerschaftliches Verhalten, also Kompromisse einzugehen, fördert. In der Realität scheint die Zufriedenheit die stärkste Vorhersagekraft zu haben: Wer unzufrieden ist, kommt in der Regel irgendwann an den Punkt, an dem er oder sie nichts mehr auf die Investitionen oder die Frage nach potenziellen Datingpartner:innen gibt, sondern nur noch raus aus dieser Partnerschaft will.

So unromantisch und betriebswirtschaftlich das klingen mag: Kennst du Menschen, die lieber zusammenbleiben, anstatt sich scheiden zu lassen, weil sie die Hälfte ihres Geldes abgeben müssten? Kennst du Menschen, die vielleicht für die Kinder zusammenbleiben und sich erst trennen, wenn diese älter oder erwachsen sind? Beides sind Beispiele für Paare, die ein hohes Investment hatten und sich dann für diese Partnerschaft entscheiden, um diese Investitionen »nicht umsonst« gemacht zu haben. Diesen Menschen sind ihre Investitionen wichtig. Denn auch hier gilt: Wir alle sind verschieden, und deshalb gewichten wir die einzelnen Faktoren unterschiedlich.

Manchmal nimmt die Zufriedenheit in unseren Beziehungen mit der Zeit ab – der Alltag ist eingekehrt, man hat sich »auseinandergelebt«. Sich auseinanderzuleben ist ein schleichender Prozess, und ich bin überzeugt, dass man sich auch wieder »zusammenleben« kann. Man kann sich einander wieder annähern. Natürlich ist das mit Veränderung und folglich mit Einsatz und Energie verbunden. Hierfür sollten beide beziehungsweise alle Parteien der Liebesbeziehung einen Schritt aufeinander zugehen. Als Partner:innen sind wir ein Teil des Beziehungsgeflechts, wir können uns verändern, aber auch die Partnerschaft selbst ist Teil dieses Geflechts. Auch sie möchte, dass man sie beachtet und an ihr arbeitet.

PARTNERSCHAFT

Partnerschaft können wir verstehen als das universelle menschliche Grundbedürfnis dazuzugehören und soziale Bindungen einzugehen. Wenn wir uns das Phänomen aus evolutionärer Perspektive anschauen, dann hätten wir als Steinzeitmenschen nicht überlebt, wenn wir nicht zu einer Gruppe gehört hätten. Es gab zu viele räuberische Wildtiere, wir waren den Elementen ausgesetzt, und Schutz war überlebenswichtig! Wenn wir allein gewesen wären, dann wären wir verhungert. Der Tod wäre uns sicher gewesen. Deswegen musste man sich auf die Gemeinschaft verlassen können. Als Babys sind wir auch heute Nesthocker, keine Nestflüchtlinge. Das heißt, wir sind auf andere Menschen angewiesen: Ein Baby kann sich nicht eine störende Fliege aus dem Gesicht schlagen, es kann sich nicht selbst füttern oder zudecken, wenn es friert. Es ist in uns verankert, dass wir andere brauchen. Das Ausmaß, wie sehr wir menschliche Beziehungen brauchen – egal ob romantisch oder nicht –, ist individuell unterschiedlich. Es gibt Menschen, die benötigen mehr soziale Interaktionen, und es gibt diejenigen, die auch mit weniger zufrieden sind.

Ein Merkmal von Partnerschaft ist Intimität. In einer Partnerschaft erleben wir eine besonders intensive Form der körperlichen Intimität. Intim können zwar auch Freundschaften oder Verwandtschaften sein, aber, zugegeben, das sind andere Formen von Verbundenheit. Hier haben wir zwar auch Menschen um uns, die uns sehr nahestehen und mit denen wir im Idealfall unser Innerstes teilen können – mit ihnen teilen wir aber keine körperliche, sondern emotionale Form der Intimität. Sie muss also nicht zwangsläufig die Partnerschaft mit körperlicher Nähe bedeuten; sonst wäre es um Singles schlecht bestellt. Auch asexuelle Menschen, Menschen ohne Bedürfnis nach zwischenmenschlicher Sexualität oder Sex im Allgemeinen, würden zugrunde gehen, wenn nur die körperlich intime Partnerschaft das Bedürfnis nach Zugehörigkeit stillen könnte. Unser Bedürfnis, dazuzugehören, kann also auch durch andere Formen von menschlichem Miteinander gestillt werden.

Das bedeutet auch, dass unsere Partner:innen nicht alle unsere Bedürfnisse erfüllen müssen. Bestimmte Bedürfnisse können zwar eher innerhalb einer Partnerschaft erfüllt werden als in anderen sozialen Beziehungen. Aber unsere Partner:innen müssen nicht zeitgleich unsere besten Freund:innen, Liebhaber:innen und, und, und sein. Wir dürfen unseren Kreis an wichtigen Menschen erweitern. Wir dürfen einander Raum geben.

Aus der Forschung wissen wir, dass eine funktionale Partnerschaft einen positiven Zusammenhang mit Gesundheit und Lebensdauer hat. Menschen leben natürlich nicht länger, weil sie eine funktionale Partnerschaft haben. Wir dürfen hier nicht Kausalität (Wirkungsursache) mit Korrelation (Zusammenhang) verwechseln. Aber eine funktionale Partnerschaft bringt in der Regel auch andere positive Faktoren mit sich, und die Summe dieser positiven Faktoren führt zu mehr Gesundheit und einer längeren Lebensdauer.[6] Speziell trifft dies auf heterosexuelle Männer zu: Es scheint wirklich so zu sein, dass Frauen tendenziell mehr Menschen in ihrem Umfeld haben, mit denen sie über Belastungen und Stress reden, als Männer. Heterosexuelle Männer scheinen diese Belastungen eher mit ihrer Partnerin zu besprechen als mit ihren Freund:innen – und deshalb scheinen sie gesundheitlich von einer Langzeitpartnerschaft zu profitieren. Das steht im Einklang mit dem, was wir über die Klientel der Psychotherapie wissen: Es sind auch hier eher Frauen, die eine Psychotherapie in Anspruch nehmen – also sich dafür entscheiden, über ihre Probleme und Belastungen zu sprechen. Männer machen das eher seltener beziehungsweise weniger.[7, 8, 9]

Im Umkehrschluss zeigt die Forschung auch, dass verwitwete

Personen und Singles im Durchschnitt eine kürzere Lebenserwartung und einen schlechteren Gesundheitszustand haben.[10] Es liegt zwar auch hier nicht daran, dass sie alleinstehend sind, sondern meist gehören weitere Faktoren mit dazu. Dennoch sollte uns durchaus etwas daran liegen, eine funktionale Partnerschaft zu führen, da daraus mehr positive Effekte als »nur« Liebe und Zuneigung resultieren.

Jetzt fragt man sich natürlich, wann eine Partnerschaft funktional ist – anhand welcher Merkmale wird sie in der Psychologie in »qualitativ gut« oder auch »weniger gut« eingeteilt? Die Gemeinsamkeiten gut funktionierender Langzeitbeziehungen sind positive Kommunikation, eine funktionale Sexualität und Entwicklung – sowohl, dass man sich als Einzelperson, aber auch als Paar gemeinsam weiterentwickelt.

HAUS, HUND, GARTEN

Wenn wir von Partnerschaft sprechen, ist das gesellschaftlich vorherrschende Ideal die monogame heterosexuelle Ehe. Eine jede funktionierende Beziehung soll, so ist oft die Erwartung, in einer Ehe enden. Spätestens mit dreißig hören die meisten regelmäßig die Frage nach der Hochzeit. Die monogame Ehe ist in der westlichen Welt die Norm, und zwar so sehr, dass sie der sogenannte *Halo-Effekt* umgibt. Der Begriff kommt aus der Sozialpsychologie: Ein *Halo* ist ein Heiligenschein und vom *Halo-Effekt* sprechen wir, wenn wir eine (zu) positiv verzerrte Wahrnehmung von etwas haben. Dieser Begriff lässt erahnen, für wie groß, mächtig, toll und heilig wir die Monogamie halten. In Befragungen assoziieren Menschen mit der Monogamie beispielsweise einen besseren Gesundheitsstatus, weil sie annehmen, dass Menschen in offenen Beziehungen häufiger sexuell übertragbare Infektionen hätten. Es wird davon ausgegangen, dass Menschen in monogamen Beziehungen diese *wirklich* wollen und sie sich deshalb mehr lieben würden.

In Wahrheit stecken unzählige Menschen in Partnerschaften fest, in denen sie ihre Partner:innen nicht (mehr) lieben, die Beziehung aber auch nicht beenden wollen. Und für gewöhnlich verhüten Menschen in offenen Beziehungen, wenn sie mit Dritten Sex haben. Aber solche Faktoren macht man sich nicht bewusst, denn falls doch, dann müsste man ja an der eigenen verzerrten Wahrnehmung und dem eigenen Weltbild arbeiten. Und das ist anstrengend. Anstrengend mögen wir Menschen nicht. Wir liegen lieber in unserem bequemen Bett der verzerrten Wahrnehmungen.

1 + 1 = 3

Unter die Kategorie der einvernehmlichen Nonmonogamie fallen Beziehungsformen wie offene Partnerschaften. Hier ist die Partnerschaft mit einer Person quasi der Heimathafen, aber Sex mit anderen ist erlaubt, ob Dreier mit anderen Menschen oder Swinging, also Sex mit anderen Paaren. Zur Nonmonogamie zählt auch die Polygamie, also eine gleichberechtigte Beziehung mit mehreren Menschen. Oftmals wird medial die Polygynie dargestellt, also ein Mann mit mehreren Partnerinnen, aber es gibt auch die sogenannte Polyandrie: eine Frau mit mehreren Partnern, oder eben polygame Partnerschaften, in denen es gegengeschlechtliche und gleichgeschlechtliche Partner:innen gibt. Polygamie und Polyamorie sind zwei unterschiedliche Dinge: Nicht alle polyamourösen Menschen leben polygam, also nicht alle, die zeitgleich in mehr als eine Person verliebt sind, haben auch eine Beziehung mit mehr als einer Person und umgekehrt. Wenn wir aber eine Vereinbarung eingehen, was die Beziehungsform angeht, sind wir Menschen durchaus in der Lage, uns daran zu halten, also zum Beispiel monogam zu leben, auch wenn wir eigentlich eine nonmonogame Beziehung führen möchten oder in mehr als eine Person verliebt sind. Die Vereinbarung sollte aber auf den Bedürfnissen der Beteiligten beruhen, nicht auf den gesellschaftlichen Erwartungen anderer Menschen. Es zählt nur, ob du und dein:e Partner:in mit eurer Beziehungsform zufrieden seid. Lasst die Leute reden: Denn im Zweifel ist es diesen anderen Menschen, die gerne ein bestimmtes Bild von Beziehungen sehen wollen, egal, wie glücklich oder unglücklich du in deiner Partnerschaft bist. Sie werden dich nicht trösten, sie werden nicht für dich da sein, wenn es dir schlecht geht. Sie werden dir kein Dach über dem Kopf anbieten, wenn du deine unglückliche Beziehung beendest und ausziehen musst – und dennoch meinen sie, dass sie sich in deine Beziehung einmischen dürften.

Für Teile unserer Gesellschaft ist das Modell der monogam-heterosexuellen Ehe so wichtig und steht so dermaßen über jeglicher anderen Idee von Partnerschaft, dass es bis zum Gehtnichtmehr verteidigt wird. So sehr, dass Menschen, die nicht in dieser Beziehungsform leben, lange Zeit etwas ganz Grundlegendes verwehrt wurde: das Recht, amtlich die eigene Partnerschaft eintragen zu lassen und der Welt zu zeigen, dass man sich für die Beziehung mit dieser einen geliebten Person entschieden hat. Gleichgeschlechtliche Partnerschaften waren lange Zeit nicht akzeptiert und sind es teilweise bis heute nicht. Eine Heirat ist in Deutschland erst seit dem 1. Oktober 2017 möglich. Vorher gab es zwar die eingetragene Lebenspartnerschaft, aber die ging nicht mit den Rechten einer Ehe einher. Es kam immer wieder zu Erbschaftsproblemen, Partner:innen konnten keine Informationen im Krankheitsfalle bekommen oder teilweise die erkrankte Person nicht einmal besuchen. Ein wesentliches Vorurteil ist, dass die Akzeptanz abnimmt, je ländlicher, konservativer oder religiöser. Deshalb erleben wir eine Landflucht von Menschen, die nicht eine traditionelle Partnerschaft leben wollen oder können. Es gibt aber genauso Vorurteile und Mythen zu gleichgeschlechtlichen Beziehungen. Es wird zum Beispiel davon ausgegangen, dass es stereotyp »männliche« und »weibliche« Rollenverteilungen gebe oder dass es in gleichgeschlechtlichen monogamen Partnerschaften zu mehr Untreue komme als in heterosexuellen. Die Forschung zeigt ein anderes Bild: Es scheint sogar das Gegenteil der Fall zu sein. In gleichgeschlechtlichen Beziehungen sind die Aufgaben und Rollen häufig fairer verteilt, und Treue wird genauso (oder eben nicht) ausgelebt.[11] Es kann eher und häufiger Trennungen in gleichgeschlechtlichen Partnerschaften geben – aber auch hier gilt es, bestimmte Faktoren zu berücksichtigen. Man könnte jetzt klischeehaft vermuten, dass sich »natürlich zwei Frauen früher oder später gegenseitig anzicken und deshalb trennen« oder dass »zwei Männer nicht treu sein können, sich durch die Gegend schlafen wollen und sich deshalb irgendwann trennen«; all das sagt mehr über den Menschen aus, der so denkt, als über gleichgeschlechtliche Paare! Menschen trennen sich nicht, weil sie gleichgeschlechtlich orientiert sind und eine gleichgeschlechtliche Partnerschaft führen. Menschen in gleichgeschlechtlichen Partnerschaften trennen sich öfter im Vergleich zu Menschen in heterosexuellen Partnerschaften, weil sie häufiger nicht verheiratet sind und somit die Trennung mit weniger Aufwand verbunden ist und weniger Geld kostet als bei verheirateten heterosexuellen Paaren. Es ist unbürokratischer und schneller machbar, wenn man unzufrieden oder unglücklich ist.

Statt den Menschen die freie Wahl zu lassen, werden wir ständig konfrontiert mit der Vorstellung, unbedingt heiraten zu müssen – wer sorgt denn sonst für uns, wenn wir krank oder alt sind?

Andererseits existiert die Ehe in vielen, aber längst nicht in allen Kulturen! Und die eigenen Motive, warum jemand heiratet, könnten auch unterschiedlicher nicht sein. Während die einen die romantische Liebe als Grund für die Ehe angeben, hat sie für andere eher pragmatische Gründe wie die finanzielle Absicherung, um Kinder zu kriegen. Bis ins frühe 19. Jahrhundert galt die Ehe in erster Linie als wirtschaftliche Zusammenkunft. Es waren also vor allem pragmatischen Gründe, die zu einer Heirat führten. Erst mit dem Aufkommen des Bürgertums kam es in der Epoche der Romantik zu einer idealisierten Vorstellung der Liebesehe. Dennoch gibt es bis heute Menschen, die aus rein pragmatischen Gründen heiraten. Wir sehen also, dass es nicht *die eine* wahre Art und Weise der Partnerschaft gibt. Selbst über die Menschheitsgeschichte hinweg entwickelten sich immer andere Varianten. Wie kommen wir also auf die Idee, bestimmte Partnerschaftsformen über andere zu stellen?

Wir haben gesehen, dass es unzählige Möglichkeiten gibt: Es gibt Paare, die nicht heiraten wollen, es gibt einvernehmlich nicht monogame Beziehungen, wie offene Partnerschaften oder Polyamorie, und es gibt auch interreligiöse und interkulturelle Partnerschaften. Das sind alles Partnerschaftsformen, die vom vermeintlichen gesellschaftlichen Standard abweichen, aber genauso viel wert und valide sind. Und das sind nur die kategorisierbaren Aspekte – alle Beziehungen sind in sich so verschieden wie Sand am Meer. Keine Form steht über der anderen.

MIT HAUT UND HAAREN

Unabhängig davon, welche der vorgestellten psychologischen Theorien zutrifft, eines ist klar: Liebe und Beziehung betreffen unseren ganzen Körper. Wir denken viel an die geliebte Person, wir bekommen weiche Knie, wenn wir sie sehen, unser Herz schlägt schnell, wir haben Schmetterlinge im Bauch. Unsere Hände werden schwitzig, ein Wohlgefühl durchfährt uns von Kopf bis Fuß, wenn wir die andere Person umarmen. Wir haben früher auch die Frage gestellt, ob jemand »mit uns gehen« will. Egal ob du eher die Meinung vertrittst, dass Liebe im Kopf oder im Herzen entsteht: Liebe ist eine Ganzkörpererfahrung.

Und ein Blick in den Spiegel zeigt: Du hast ja schon alles, was du dafür brauchst. Du selbst hattest die Erlebnisse und Erfahrungen, die dich zu der Partnerschaft geführt haben, in der du gerade bist. Dein Mund kann die Bedürfnisse vermitteln, die du empfindest. Deine Haut spürt die Berührungen deines Gegenübers. Mit deinen Händen kannst du die Grenzen aufzeigen und deine Autonomie in der Partnerschaft erklären. Vielleicht haben manche von uns – sinnbildlich gesprochen – ungünstigere Startbedingungen, das ein oder andere Körperteil zu verstehen. Vielleicht hast du schlechte Erinnerungen an eine frühere Beziehung und möchtest nicht in Austausch mit deinem Gehirn treten. Vielleicht wurde dein Herz gebrochen, und du hast Mauern hochgezogen, um es zu schützen. Eventuell wolltest du mit jemandem einer gemeinsamen Zukunft entgegenschreiten und wurdest stehen gelassen. All das bedeutet nicht, dass du heute keine gelingende Beziehung führen könntest. Wenn ein Körperteil Schwierigkeiten macht, können in Sachen Liebe die anderen übernehmen und ausgleichen. So wie unsere Organe und Körperteile in ihrer Gemeinschaft unseren Körper bilden, so bilden du und dein Gegenüber eine Gemeinschaft in eurer Beziehung.

DAS HERZ –
SAG MIR, DASS ICH DIR WICHTIG BIN

WENN WIR UNS IN BEZIEHUNGEN jemandem zeigen, so wie wir sind, mit all unseren Wünschen und Hoffnungen und Ängsten und Gedanken und Stärken und Schwächen und Macken, dann präsentieren wir unser Herz auf dem Silbertablett. Wir hoffen, dass die Person es nicht vom Tablett herunterschlägt und darauf herumtrampelt. Die Vorstellung, dass das doch geschehen könnte, macht Angst. Das ist absolut verständlich, denn unser Herz ist mit das Wichtigste, was wir haben. Es gibt viele Menschen da draußen, die nicht so gut auf unser Herz achten würden wie wir selbst. Vielleicht wird sogar niemals jemand so gut darauf achtgeben?

Diese Angst haben die meisten von uns, manche mehr, manche weniger, denn einige von uns haben bereits unschöne Erfahrungen gemacht: Von gebrochenen Herzen und Liebeskummer bis hin zum sprichwörtlichen Messer im Rücken kann alles dabei gewesen sein. Daher erscheint es ja ganz sinnvoll, wenn wir unser Herz beschützen wollen und es nicht jeder »dahergelaufenen« Person auf dem Silbertablett anbieten.

Die Frage ist nicht, ob es klug ist, das eigene Herz beschützen zu wollen, sondern vielmehr: Wie stark und mit welcher Vehemenz beschützen wir unser Herz? Wenn wir es so sehr schützen wollen, dass wir nicht mehr zeigen, *wer* und vor allem *wie* wir sind, dann kann es problematisch werden; also wenn wir nicht zeigen, was hinter den Kulissen passiert. Wenn die Angst unser Herz überlagert.

BEDÜRFNIS IST NICHT GLEICH BEDÜRFNIS

Über Bedürfnisse haben wir alle schon einmal gelesen oder etwas gehört. Wir verwenden den Begriff auch in unserer Alltagssprache – jedoch kann man verschiedene Bedürfnisse unterscheiden. Wir haben z. B. biologische Bedürfnisse wie Hunger, Durst oder Müdigkeit beziehungsweise Schlaf. Diese müssen erfüllt sein, damit wir überhaupt überleben können. Wenn wir sie über einen längeren Zeitraum nicht erfüllen, führt dies unweigerlich zum Tod. Wir haben aber auch andere Bedürfnisse, nämlich psychologische, psychosoziale oder Beziehungsbedürfnisse. Der zentrale Unterschied ist, dass wir – im Gegensatz zu den biologischen Bedürfnissen – nicht zwingend sterben, wenn sie unerfüllt sind. Vielleicht leben wir kein qualitativ gutes oder erfülltes Leben, aber wir leben. Wir *über*leben. Manche haben vielleicht schon von der Maslow'schen Bedürfnispyramide gehört. Abraham Maslow hat eine Hierarchie von Bedürfnissen benannt, die wir Menschen haben. Ganz unten, als Basis seiner Pyramide, benennt Maslow die pyhsiologischen oder auch die Grundbedürfnisse. Ich habe sie in den Sätzen vorher »biologisch« genannt. Diese sind für Maslow die erste Ebene, weil unser Überleben von ihnen abhängt. Sie bilden das Fundament unseres Lebens. Wir brauchen Essen, wir müssen Atmen, wir brauchen Schlaf. Erst wenn diese Grundlagen erfüllt sind, bemerken wir die Bedürfnisse, die eine Stufe höher in der Pyramide angesiedelt sind.

Oder anders formuliert: Erst wenn unser Überleben gesichert ist, können wir uns überhaupt um die nächste Kategorie von Bedürfnissen kümmern, die Sicherheit. In diesen Bereich fallen Dinge wie Wohnraum, Gesundheit, körperliche und psychische Sicherheit, und auch Geld. Natürlich macht Geld nicht glücklich, aber es gibt uns Sicherheit. Sollten wir gekündigt werden oder es auf der aktuellen

Arbeitsstelle nicht mehr aushalten, dann haben wir durch ein finanzielles Polster die Möglichkeit, weich zu fallen. Wir können ruhiger schlafen, wenn wir wissen, dass wir genug Geld haben, um uns und unsere Familie die nächsten drei bis sechs Monate ernähren zu können. Die Höhe der Summe, die finanzielle Sicherheit bedeutet, unterscheidet sich von Person zu Person – es ist wie mit allen anderen Bedürfnissen: Wie viel wir davon brauchen, ist individuell.

Ist unsere Sicherheit gewährleistet, dann melden sich unsere Sozialbedürfnisse. Wir wollen dazugehören, uns in einer Gruppe oder Gemeinschaft sehen, wir wollen eventuell eine Beziehung oder eine Familie haben, wir wollen soziale Kontakte und sozialen Austausch. Hier zeigt sich ganz gut, warum Maslow von einer Hierarchie ausgeht: Ein alleinerziehender Elternteil mit drei Kindern, ohne Arbeitsstelle, mit Schulden und der Kündigung der Wohnung wegen Eigenbedarfs wird vermutlich zuerst darüber Grübeln und sich Sorgen machen, wie die Kinder (und natürlich man selbst) satt werden können, wie eine neue Wohnung gefunden und wie Geld auf das Konto kommen kann. Sehr wahrscheinlich wird in dieser Beispielsituation die Hauptsorge Nummer eins nicht sein, wie man jemanden kennenlernen und eine Langzeitbeziehung führen kann.

Wenn unser Sozialbedürfnis erfüllt ist, dann melden sich unsere Individualbedürfnisse: Vertrauen, Wertschätzung, Selbstbestätigung, Freiheit und Unabhängigkeit. Wir möchten möglichst selbstständig leben und unsere Wünsche erfüllen können. Wir wollen Entscheidungsfreiheit haben. Wir wollen nicht nur körperlich sicher sein, sondern vielleicht auch stärker werden. Wir haben Ziele vor Augen.

Diese Ziele können aber auch Teil der letzten Stufe unserer Bedürfnispyramide sein, der Selbstverwirklichung. Wir wollen unsere Talente und Fähigkeiten entfalten und uns weiterentwickeln, damit unser Leben einen Sinn hat. Damit wir wissen, warum wir jeden Tag aufs Neue aufstehen und am Alltagstrott teilnehmen.

Aber Moment – für manche Menschen sind Selbstverwirklichung und Sinn des Lebens gleichbedeutend damit, ein möglichst »sinnvoller Teil der Gesellschaft« zu sein, was auch immer diese Person darunter versteht. Oder »eine gute Mutter« beziehungsweise »ein guter Vater« zu sein. Und auch hier sehen wir wieder einen individuellen Unterschied. Für uns alle kann Selbstverwirklichung etwas anderes bedeuten. Sinnhaftigkeit können wir über unterschiedlichste Aspekte unseres Lebens erfahren. Wenn aber diese Bedürfnisse für uns unterschiedlich sind, kann dann ihre Gewichtung nicht auch unterschiedlich sein? Könnten für den einen die Individualbedürfnisse wichtiger sein, und für die andere sind es die sozialen Bedürfnisse? Hier sind wir in einem für die Psychologie typischen Szenario. Natürlich gewichten verschiedene Menschen unterschiedliche Dinge anders. Während Maslow vielleicht sagt, dass zuerst soziale Bedürfnisse erfüllt sein müssen, damit sich dann Individualbedürfnisse melden, kann es im persönlichen Fall ganz anders sein. Daher begegnen wir in der Psychologie auch unzähligen weiteren Bedürfnistheorien.

In Lehrbüchern finden wir beispielsweise immer wieder die Aussage, dass wir vier psychologische Grundbedürfnisse haben, nämlich Bindung und Zugehörigkeit, Orientierung und Kontrolle, Lustgewinn und Unlustvermeidung sowie Selbstwertschutz und Selbstwerterhöhung.[12] Wir sind individuell unterschiedlich, was die Bedeutung dieser vier Grundbedürfnisse angeht. Für manche sind Bindung und Zugehörigkeit, also eine Partnerschaft zu haben, Freundschaften zu pflegen, von anderen nicht ausgegrenzt zu werden, sehr wichtig. Oder aber Orientierung und Kontrolle, also Ziele im Leben zu haben, auf etwas hinzuarbeiten, sich Wünsche erfüllen zu wollen, gleichzeitig aber auch zu wissen, wo man sich wie verhält, welche Regeln es gibt. Anderen ist es besonders wichtig, Lustgewinn und Unlustvermeidung zu erleben. Hiermit ist nichts Sexuelles gemeint, sondern es geht vielmehr darum, erholsame, schöne Dinge zu erleben (Lustgewinn) und möglichst wenig Pflichten, Verantwortung und Arbeit zu haben (Unlustvermeidung). Für wieder andere sind es Selbstwertschutz und Selbstwerterhöhung, also den eigenen Selbstwert vor Angriffen zu schützen und zu versuchen, an Selbstwert dazuzugewinnen. Diese Bedürfnisse können erklären, warum wir uns manchmal so verhalten, wie wir uns verhalten. Person A könnte deshalb mehr Wert darauf legen, Karriere zu machen und viel Geld zu verdienen, anstatt mit dir ein Jahr lang um die Welt zu reisen, weil ihr finanzielle Sicherheit Orientierung und Kontrolle über potenziell schlechte Zeiten gibt. Person B könnte im Heimatdorf wohnen bleiben wollen, anstatt mit dir woanders hinzuziehen, weil sie dort Zugehörigkeit zu den Menschen und Vereinen erlebt, denn man kennt sich seit der Kindheit.

Es gibt nicht *die eine* Liste an Bedürfnissen. Gemeinsam haben die Theorien aber alle, dass sie in biologische und psychologische Bedürfnisse unterteilen.

Es stellt sich die Frage, wie sinnvoll es ist, manche biologischen Bedürfnisse hierarchisch über die psychologischen zu stellen. Denn in der Realität bewerten die Menschen für sich unterschiedlich, was für sie zählt.

Während manche Menschen den Wunsch nach Fortpflanzung und Kindern haben, ist es anderen wichtiger, sich selbst zu verwirklichen. Wieder andere möchten unbedingt finanzielle Sicherheit. Unsere Bedürfnisse unterscheiden sich nicht nur in ihrer An- oder Abwesenheit, sondern auch danach, ob sie zu bestimmten Bereichen unseres Lebens gehören. Wir haben bestimmte Bedürfnisse, was unsere Arbeit angeht, und andere in unserem Privatleben. Unsere Bedürfnisse im Bereich Erholung unterscheiden sich von denen in unseren Beziehungen.

BEDÜRFNIS KOMMT
VON BRAUCHEN

Hier kommt das sogenannte zielgerichtete Verhalten ins Spiel. *Verhalten* meint hierbei nicht nur von außen sichtbare Verhaltensweisen, sondern auch Gedanken oder Gefühle, die – nicht immer gewollt oder absichtlich – vom Individuum beziehungsweise von unserem Gehirn produziert werden. *Zielgerichtet* meint, dass wir damit versuchen, ein unerfülltes Bedürfnis zu stillen. Das Ziel ist also, einen Mangel an etwas zu beheben und etwas herbeizuführen, was wir gerade brauchen. Meist spielen sich unsere Bedürfnisse, vor uns selbst und anderen verborgen, hinter den Kulissen ab. Unser Verhalten und unsere Äußerungen sind die Handlungen auf der Bühne des Lebens. Wir schenken uns ein Glas Wasser ein (Handlung auf der Bühne), weil wir nicht mehr durstig sein wollen (biologisches Bedürfnis hinter den Kulissen). Wir ziehen uns lange Kleidung an (Handlung auf der Bühne), weil wir uns wärmen oder uns schützen wollen (biologisches Bedürfnis). Wir weinen (Handlung auf der Bühne), weil wir traurig sind und uns subjektiv vielleicht einsam und verlassen fühlen (psychologisches Bedürfnis). Wir sind aber nicht immer so offen und ehrlich und teilen mit, was hinter den Kulissen passiert.

Manchmal teilen wir nicht mit, was hinter unserem Verhalten oder unseren Aussagen steckt. Wir sagen das Gegenteil oder versuchen indirekt, zwischen den Zeilen zu kommunizieren – aber das funktioniert nicht so richtig gut. Es ist nicht zielführend, weil es unsere Bedürfnisse nicht erfüllt.

Die andere Person erfährt so nicht, was wir gerade wirklich brauchen! Sie reagiert deshalb nur auf unser Verhalten, nicht aber auf unser Bedürfnis. Ab und an machen wir das alle, weil wir nicht so richtig mit der Sprache rausrücken wollen. Warum genau, kann unterschiedliche Gründe haben. Vielleicht haben wir Bedenken, schief angeschaut zu werden, wenn wir unser Innerstes preisgeben. Vielleicht macht es uns Angst, weil wir befürchten, abgelehnt zu werden als der Mensch, der wir wirklich tief im Inneren sind. Deshalb lassen wir nur einen Teil unserer Mauer runter. Wir legen unser Herz noch nicht vollständig offen dar und meinen, dadurch weniger verletzlich zu sein – im Notfall können wir ganz schnell wieder die Mauer hochziehen, weil sie nur zur Hälfte offen war. Hätten wir sie ganz eingerissen, dann müssten wir sie komplett neu aufziehen. Und das dauert länger. Dadurch riskieren wir eine größere Verletzung. Zumindest denken wir, dass es so sei. Vielleicht haben wir aber auch einfach noch nie die Erfahrung gemacht, dass wir mit unseren Bedürfnissen ernst genommen werden.

All diese möglichen Gründe lassen sich zusammenfassen mit: Wir befürchten, jemand könnte auf unserem Herzen herumtrampeln. Ich erlebe immer wieder Menschen in meiner Praxis, die berichten, dass sie sich mal geöffnet hatten und belächelt wurden oder mit einem Handwinken alles beiseitegeschoben und abgetan wurde. So auch Paul.

Paul sitzt vor mir und berichtet von seiner »Angst vor Beziehungen«. Er hat Angst davor, sich auf andere Menschen einzulassen. Was, wenn diese ihn verletzen? Was, wenn sein Herz gebrochen wird?

Im Verlauf unserer Sitzungen berichtet mir Paul, dass er Scheidungskind ist. Das ist per se nichts Ungewöhnliches oder gar Schlimmes. Paul ist bei seiner Mutter aufgewachsen, und sein Vater sollte ihn alle vierzehn Tage abholen, um mit ihm das Wochenende zu verbringen. Anfangs funktionierte das, aber irgendwann sagte sein Vater die Wochenenden ab oder verschob sie, bis er schließlich einfach nicht mehr auftauchte. Der achtjährige Paul hatte freitags seine Sachen gepackt und saß auf der Treppe vor der Haustüre, weil sein Vater ihn um 17 Uhr abholen wollte. Aber niemand tauchte auf. Paul berichtet, dass er die ersten zwei oder drei Male mehrere Stunden auf der Treppe gesessen habe und seiner Mutter sagte: »Nein, Papa kommt bestimmt. Lass mich noch ein bisschen warten.« Er erinnert sich noch ganz genau, dass er mit jeder Minute, die verging, immer mehr und mehr begriff, dass sein Vater nicht kommen wird. Und er erinnert sich ganz genau an dieses Gefühl. »Wertlos« nennt er es heute, 24 Jahre später. Wertlos und deshalb ungeliebt habe er sich gefühlt. Im Laufe der Zeit habe er auch die Versprechungen des Vaters nicht mehr geglaubt und am Telefon mit einem distanzierten »Jaja« geantwortet, als der Vater mal wieder Wochenendpläne schmiedete. »Er wird ja eh nicht kommen«, hatte sich Paul gedacht. Tränen steigen in seine Augen.

»Warum bin ich nicht liebenswert? Warum hat er mich links liegen gelassen und mich nicht beachtet? War ich schon als Kind so scheiße, dass man mich gar nicht erst lieben konnte?«, fragt er mich, während eine Träne seine rechte Wange herunterkullert. Als ich frage, welche Message er damals abgespeichert hat, die noch heute gilt, sagt Paul mit zittriger Stimme: »Ich bin es nicht wert, geliebt zu werden. Deshalb werden Menschen mich früher oder später verlassen, und ich werde enttäuscht werden.« Stille. Wir schauen uns wortlos an. »Dabei will ich doch nur gemocht werden«, flüstert er.

Paul hat keine Angst vor Beziehungen. Schon gar nicht vor Nähe und Intimität. Paul reißt sich eigentlich ein Bein aus: Er lädt seine Freundinnen und Freunde zum Essen ein, er hilft ihnen bei Umzügen, er steht ihnen in schwierigen Momenten bei und gibt Rat. Er will im tiefsten Inneren nur hören, dass er jemandem etwas bedeutet. Er möchte sich nie wieder wertlos fühlen. Aber die frühere Erfahrung hat ihm gezeigt, dass er links liegen gelassen werden könnte und dass es unglaublich schmerzhaft ist, wenn sein Herz gebrochen wird. Und um das nicht mehr zu erleben, produziert Pauls Gehirn Angst. Angst, jemanden an sich heranzulassen und zu riskieren, wieder verletzt zu werden. Nicht die Beziehung mit einer anderen Person an sich ist angstauslösend, sondern die Möglichkeit, dass sein Herz gebrochen werden könnte. Seine Angst ist zielgerichtet: Sie schützt ihn davor, verlassen zu werden und eine erneute Verletzung zu riskieren.

Welchem Bedürfnis soll er nachgeben? Ignoriert er seine Angst und lässt sich auf jemanden ein, weil seine Einsamkeit so schwer wiegt, oder hält er lieber die Einsamkeit aus, weil seine Angst so stark ist? Das klingt nach einer Pattsituation. Egal wie er sich entscheidet, es wird eine unangenehme Konsequenz zur Folge haben.

Menschen, die von Beziehungsangst berichten, sagen oft, dass sie sich auf niemanden einlassen könnten, dass sie wenig Vertrauen haben in andere Menschen und früher oder später ihr Herz gebrochen werde oder dass sie sich eingeengt fühlen beim Gedanken an eine Partnerschaft. Die Vorstellung eines Eheringes zum Beispiel fühlt sich für manche an, als seien sie gefangen. Als würden sie zusammengequetscht und könnten nicht mehr atmen. Und manchmal, wie bei Paul, sind beide Befürchtungen gleichzeitig vorhanden. Paul hat Angst, dass er morgen oder in zwanzig Jahren verlassen werden könnte. Weil er diese Angst hat, ist eine Beziehung heute kaum für ihn aushaltbar, weil in seinem Kopf die Vorstellung, jemanden nahe an sich heranzulassen, bedeutet, dass diese Person sein Herz brechen wird. Wer ihm nicht nahe ist, kann ihm auch nicht gefährlich werden. Weil also Nähe für ihn mit Liebeskummer verknüpft ist, bekommt er bereits beim Gedanken an eine Beziehung Angst – weil Teile seines Gehirns sich die Katastrophe in der Zukunft ausmalen, von der er so überzeugt ist, dass sie eintreffen wird. Die Idee einer Langzeitbeziehung ist besonders beängstigend, weil mit jedem Tag, an dem er in einer Beziehung ist, der für ihn unvermeidbare Moment des Verlassenwerdens näher rückt.

Manche Menschen, die so empfinden, lassen sich erst gar nicht auf eine Partnerschaft ein – und das erscheint im ersten Schritt logisch: Wenn die Beziehung nicht eingegangen wird, kann man durchatmen. Kurzfristig erleben wir eine positive Konsequenz, und das unangenehme Gefühl ist weg. Wir müssen nicht in Liebesbeziehungen leben, man kann auch als Single glücklich sein und ein erfülltes Leben haben.

Problematisch wird es, wenn wir uns einsam fühlen, während wir Single, also allein, sind. Alleinsein und Einsamkeit sind zwei unterschiedliche Dinge: Wir können allein zu Hause sitzen und uns wohlfühlen, wir können aber auch auf einer Party unter Menschen sein und uns einsam fühlen. Wenn wir gerne in einer Partnerschaft wären, uns nicht mehr einsam fühlen wollen, jedoch gleichzeitig Angst davor verspüren, jemand anderem zu vertrauen und uns fallen zu lassen, dann befinden wir uns in einer prekären Lage.

Auch Pauls Dilemma klang im ersten Moment nach einer Pattsituation – aber im Detail betrachtet handelt es sich um zwei unterschiedliche Konsequenzen. In dem von mir gezeichneten Beispiel ist die Einsamkeit eine langfristige Konsequenz, denn die verspüren wir nicht nur diesen Sonntag, sondern auch nächsten Sonntag und auch am Sonntag in drei Monaten – alle Freund:innen sitzen mit ihren Partner:innen zu Hause, haben gekocht und machen einen Fernsehabend, während wir alleine zu Hause sitzen und uns wieder Essen bestellt haben, anstatt etwas zu kochen.

Die Angst ist aber kurzfristig – sie taucht nur auf, wenn wir uns gedanklich mit der entsprechenden Situation konfrontieren. Bei Menschen mit Beziehungsangst kommt beim Gedanken an eine Partnerschaft in der Regel die Vorstellung von Ewigkeit auf – bis dass der Tod uns scheidet. Aber wir wissen doch gar nicht, wie lange diese Beziehung halten wird. Vielleicht hält sie drei Monate, vielleicht drei Jahre oder aber 30 Jahre. Eine Liebesbeziehung zu führen, bedeutet, sich jeden Morgen erneut für die andere Person und die Beziehung mit ihr zu entscheiden. Wir legen uns nicht heute für die nächsten 30, 40, 50 Jahre fest. Wir können nicht vorhersehen, was passieren wird. Wir wissen im Idealfall nur: Aktuell, zum jetzigen Zeitpunkt, möchten wir mit der anderen Person eine Beziehung führen und können uns vorstellen, dies auch in Zukunft zu tun. Wir wissen aber nicht, ob das auch wirklich so sein wird. Wir können nicht voraussagen, was wir in acht Jahren, an einem bestimmten Datum, zu einer bestimmten Uhrzeit, denken und fühlen werden. Auch wenn wir zu Beginn dachten, wir wollen miteinander alt werden – zehn Jahre später wachen wir eines Morgens auf und bemerken, dass wir nicht mehr so glücklich sind, wie wir es mal waren, und dass wir uns kaum noch etwas zu sagen haben. Und entscheiden uns dann gegen diese Beziehung.

Ich kenne Paare, die setzen sich zu ihrem Jahrestag an den Tisch und besprechen, ob sie ein weiteres Jahr miteinander diese Beziehung führen möchten. »Oje, wie unromantisch!«, denken jetzt vielleicht manche – aber so unromantisch ist das nicht. »Es ist das schönste Geschenk zum Jahrestag, das ich bekommen kann«, sagte einmal eine Patientin zu mir. »Meine Partnerin entscheidet sich ganz bewusst für mich und unsere Beziehung und sagt mir, dass sie mich liebt!« Es geht also darum, sich immer wieder für eine Person zu entscheiden und dafür, mit dieser Person Zeit verbringen zu wollen. Für Menschen wie Paul reduziert dieser Perspektivwechsel die Angst ein wenig, denn er muss sich gedanklich nicht mit der Sorge beschäftigen, was in den nächsten fünf, zehn, oder fünfzehn Jahren sein wird. Ob er früher oder später verlassen wird. Es geht nur um die nächsten paar Jahre. Und die Vorstellung einer Ewigkeit zusammen ist überhaupt nicht mehr Gegenstand der Befürchtungen. Ist die Vorstellung weg, ist auch die Angst weg.

ICH MÖCHTE DIR
ETWAS BEDEUTEN

Mit Paul haben wir eines der zentralsten Beziehungsbedürfnisse kennengelernt: *Wichtigkeit*. Wir möchten einem anderen Menschen wichtig sein, diesem Menschen etwas bedeuten. Evolutionär ergibt das Sinn. Wir brauchen andere Menschen, denen wir wichtig sind und die sich um uns kümmern, sonst würden wir nicht überleben.

Mit den Jahren werden wir immer autonomer und selbstständiger. Das sind wichtige psychologische Entwicklungsmeilensteine. Wir wollen sehen, dass wir bestimmte Dinge alleine schaffen, dass wir es schaffen, unabhängig von anderen existieren zu können. Aber nur weil wir es können, heißt das nicht, dass wir das auch wollen oder müssen.

Jemand wie Paul würde den letzten Satz lesen und vehement verneinen. Jemand wie Paul ist überzeugt davon, das Leben alleine meistern zu müssen. Denn Paul interpretiert es als Schwäche, jemand anderem wichtig sein zu wollen. Es ist genau dieser Wunsch, der ihm das Herz gebrochen hat. Nach seiner Logik werden es Menschen ausnutzen, dass er diese Sehnsucht hat, und ihn wieder verletzen. Denn das ist ja schon genau so passiert. Und wenn es einmal geschehen ist, wird es wieder so sein. Zudem konnte er sich in der Vergangenheit ja gar nicht auf andere Menschen, in diesem Fall seinen Vater, verlassen. Seinem Vater das Vertrauen entgegenzubringen, dass er ihn abholen wird, hat zu Enttäuschung geführt. In der Wissenschaft nennt man das *Anekdotische Evidenz*. Paul hat abgespeichert, dass Menschen gefährlich sind. Deshalb versucht er im Alltag krampfhaft, keine Angst, keine Schwäche zu zeigen, damit niemand seine Achillesferse entdeckt. Der Schmerz war für ihn so schlimm, dass er befürchtet, beim nächsten Mal daran zugrunde zu gehen.

Aber weshalb hat Paul dann Freundschaften? Der große Paul, der selbstständig Geld verdienen und für sich sorgen kann, hat Freund-schaften. Sind ihm seine Freund:innen wichtig? »Ja«, sagt er über-zeugt. Was wäre, wenn sein bester Freund hier sitzen und »Paul, du bist mir nicht wichtig, du bist mir egal« sagen würde? Mit gesenktem Blick gesteht er, dass ihn das verletzen würde. Das kann ich gut nach-vollziehen, denn: Wem würde das nicht so gehen? Bedeutet das im Umkehrschluss, dass er insgeheim, im tiefsten Inneren, hofft, dass er seinem besten Freund, allen Freund:innen, wichtig ist? Wenn er in platonischen Freundschaften jemandem etwas bedeuten möchte, wird dieser Wunsch in einer Liebesbeziehung vielleicht noch stärker ausgeprägt sein? »Vermutlich«, sagt er kleinlaut. Er kann sich noch nicht mit dem Gedanken anfreunden, dass es legitim ist, anderen wichtig sein zu wollen.

Zugegeben, Paul ist ein Extrembeispiel. Nicht alle von uns haben so eine starke Angst davor, dass unser Herz gebrochen wird – den-noch schlummert in vielen von uns ein gewisses Ausmaß dieser Be-fürchtung. Die Befürchtung ist noch keine Angst, sie ist nicht so stark, dass sie uns lähmt oder dass wir uns paradox verhalten. Sie ist aber so weit vorhanden, dass wir andere testen oder zwischen den Zeilen kommunizieren, weil wir unsicher geworden sind.

Wann haben wir das letzte Mal etwas über uns ausgesprochen, das so intim war, dass es uns unangenehm war, darüber zu sprechen? Wer von uns hat sich hingesetzt und den Partner:innen erzählt, wo-von wir bei der Selbstbefriedigung fantasieren? Oder was unsere größte Angst ist? Wenn nicht: Warum eigentlich nicht? Was war die Befürchtung? Dass uns die andere Person ablehnen könnte? Dass sie uns nicht mehr gut findet? Wir nicht mehr begehrenswert sind? Wir nicht mehr liebens-wert sind; also nicht mehr wert, geliebt zu wer-den?

In uns allen steckt ein Paul. Anders gesagt: In uns allen gibt es sol-che oder ähnliche Befürchtungen, wie Paul sie hat.

Menschen mit dem zentralen Beziehungsbedürfnis *Wichtigkeit* möchten für diejenigen, die ihnen etwas bedeuten, wichtig sein. Sie wollen die Rückmeldung, dass sie wertvoll sind. Das mag erst egoistisch klingen: Paul möchte von anderen eine Info über sich selbst und über seinen Wert bekommen. Er ist damit aber nicht allein.

Nicht wenige Menschen finden es furchtbar, ignoriert zu werden. »Schrei mich an, sei wütend, raste aus, ich bitte dich, REAGIERE«, habe ich mehr als einmal gehört von der Partei, die in einer monogamen Beziehung fremdgegangen ist und es bereut. Das Verstummen der anderen Person, im Englischen auch *stone walling* genannt, also stumm wie eine Wand sein, wird als »es ist ihr egal« verstanden und in einem nächsten Schritt als »*ich* bin ihr egal« interpretiert. Das ist schmerzhaft. Wäre sie traurig und würde weinen oder sogar wütend werden, dann wäre das ein (vermeintliches) Zeichen dafür, dass wir und unsere Beziehung diesem Menschen wichtig sind. Keine Reaktion aber ist fatal. Wenn jemand nicht reagiert, dann ja nur, weil es ihm oder ihr nichts ausmacht, oder? Wir nehmen offenbar keinen besonderen Stellenwert im Leben dieser Person ein. Sie ist uns wichtig, aber wir sind ihr gleichgültig – diese Erfahrung will niemand machen. Die Forschung sagt, dass in heterosexuellen Beziehungen ein immer wiederkehrendes *stone walling* des Mannes in Streit- und Diskussionsmomenten eine Trennung des Paares wahrscheinlicher macht.[13] Verstummt das Gegenüber, werden viele Menschen irgendwann wütend. Eher würde uns wohl irgendwann die Wand antworten als diese Person. Das treibt uns zur Weißglut.

Aber vielleicht hat auch dieser Mensch Grund, zu reagieren, wie er reagiert. Vielleicht steckt dahinter auch eine bestimmte Erfahrung im Leben, und das Verstummen ist einfach eine (wenig hilfreiche) Strategie. Vielleicht ist das *stone walling* keine versteckte Botschaft zwischen den Zeilen über uns und unseren Wert. Vielleicht erstarrt er aus Angst, etwas falsch zu machen.

Häufig bemerken wir das aber nicht, weil wir gefangen sind in unserem eigenen unangenehmen Gefühl. Unsere Angst schreit, dass wir der Person nichts bedeuten können. Würden wir uns das aber eingestehen, wären wir traurig, denn es ist ein schmerzhaftes Eingeständnis. Wir wollen aber nicht traurig sein. Wir wollen nicht mit dem Schmerz umgehen müssen, denn nicht wir haben uns danebenbenommen, unser Gegenüber hat gegen eine Absprache verstoßen. Also werden wir wütend und schreien, um unseren Schmerz bei der anderen Person abzuladen. Soll sie doch mit dem Schmerz klarkommen und umgehen! Wut aktiviert, Wut lässt uns handeln. Wut lässt uns laut werden. Wut lässt uns manchmal aber auch die Gegenseite verletzen. Wut lässt uns manchmal Dinge sagen, die wir im Nachhinein bereuen. Und dann schämen wir uns. Plötzlich haben beide Seiten unangenehme Gefühle und Schmerz. Die Wut hat uns nicht weitergebracht. Sie hat aber markiert, dass es uns um etwas Wichtiges geht. Jemand hat eine unserer Regeln gebrochen, und deshalb sind wir wütend geworden.

Aber *warum* wurde die Regel gebrochen? Und *warum* ist uns diese Regel überhaupt wichtig, *warum* sollte man sich nach ihr richten? Was passierte hinter den Kulissen?

Diese Fragen haben wir leider vergessen zu stellen, denn wir waren mit unserer Wut beschäftigt.

Im Verlauf unserer Sitzungen erkennt Paul, dass er anderen zeigt, was sie ihm bedeuten, über die Zeit, die er mit ihnen verbringt. Die Zeit, die sein Vater nicht mit ihm verbracht hat, hat sich bei ihm eingebrannt. »Wenn einem jemand wichtig ist, dann nimmt man sich Zeit für diesen Menschen«, hat er für sich abgespeichert. Egal wie hektisch sein Alltag ist oder wie viele Termine er hat, Paul hat immer Zeit, wenn ihn jemand braucht. Notfalls sage er Termine ab, dann gehe er eben nicht zum Friseur oder zum Sport, berichtet er. Paul opfert Selbstfürsorge, damit andere sehen, wie viel sie ihm bedeuten.

Seine Sehnsucht nach einer Partnerin verbindet Paul ebenfalls mit dem Verbringen gemeinsamer Zeit, wie seine Wortwahl zeigt: miteinander alt werden, füreinander da sein, gemeinsam die Welt entdecken. »Aber irgendwie … ach, ich weiß auch nicht. Es ist, als würde niemand verstehen, was ich für sie mache. Es ist, als würden wir unterschiedliche Sprachen sprechen! Die Menschen verstehen mich nicht!« – »Sie scheinen wirklich verschiedene Sprachen zu sprechen. Es wirkt auf mich fast so, als würden Sie von anderen erwarten, dass diese Ihre Gedanken lesen könnten«, entgegne ich ihm, und Paul ist überrascht.

ICH MÖCHTE MIR
ETWAS BEDEUTEN

Das Bedürfnis, anderen Menschen wichtig zu sein, ist nicht nur evolutionär sinnvoll, sondern es dient auch dazu, dass wir unseren Selbstwert erhalten. Anderen etwas zu bedeuten stärkt unsere Selbstwertschätzung, das ist absolut legitim. Die meisten Menschen füllen einen Teil davon durch Komplimente, Zuwendung oder Aufmerksamkeit durch andere. Wenn wir in einer Liebesbeziehung mit jemandem sind, dann hat sich die Person für uns entschieden. Sie hat sich (hoffentlich!) in uns verliebt und möchte eine Beziehung mit uns führen. Wenn sich das mal nicht gut anfühlt! Wir sind so interessant, sympathisch, attraktiv, begehrenswert, dass jemand mit uns zusammen sein möchte! Das alles ist richtig.

Problematisch kann es allerdings werden, wenn das die einzige Quelle unseres Selbstwerts ist. Viele Menschen stellen sich diesen wie ein großes Gefäß vor, zum Beispiel eine Vase. Man schüttet ein bisschen was aus der Arbeit rein, ein bisschen was aus Selbstverwirklichung, ein paar Komplimente, und das Gefäß ist voll. Wir haben Selbstwert! Ganz so einfach ist die Rechnung nicht. Stellen wir uns das Konzept einmal so vor, dass verschiedenen Gläser auf einem Tablett stehen, das wir balancieren müssen. Das Selbstwert-Tablett ist wacklig, und mit jedem Schritt könnten wir etwas verschütten. Manche von uns sind geübter und haben bereits eine gute Balance, andere sind noch nicht so routiniert. Wir alle haben aber ein Tablett, und wir alle haben eine unterschiedliche Anzahl an Gläsern darauf. Manche haben das Glas »Arbeit« und füllen dieses durch ihre beruflichen Leistungen und ihre Karriere. Manche haben das Glas »Komplimente durch andere« und füllen es durch positiven Zuspruch durch andere Menschen. Andere haben das Glas »eigene Fähigkeiten und Fertigkeiten« und füllen es vielleicht durch DIY-Projekte. Manche haben das Glas »Bildung« und füllen es durch ihr Wissen. Viele haben das Glas »Kochen« und füllen es durch Mahlzeiten, die sie in der Küche kreieren. Und die meisten von uns haben das Glas »jemandem wichtig sein«. Wir können 24/7 arbeiten und das Glas »Arbeit« bis zum Rand füllen – aber dennoch bleiben die anderen Gläser leer. Das Selbstwert-Tablett ist nicht voll, wir bemerken einen Mangel. Dabei arbeiten wir doch aber so viel und klettern die Karriereleiter hoch! Es bleibt dennoch ein schaler Beigeschmack. Voller als voll kann dieses eine Glas nicht werden. Es bringt nichts, noch mehr und noch mehr hineingießen zu wollen.

Im Gegenteil: Es birgt die Gefahr in sich, dass unser Tablett nicht gleichmäßig ausbalanciert ist und leichter umfallen könnte. Der Scherbenhaufen lässt nur auf sich warten! Das Gleiche gilt, wenn wir alleinig auf andere Menschen setzen: Wenn wir unseren Selbstwert mit nichts anderem füllen können als durch die Zuwendung anderer und eines Tages diese wegbricht, dann bleibt eine große Lücke. Unser Bedürfnis ist nicht erfüllt.

Und das schmerzt. Wir fangen an, die Dinge komplett auf uns selbst zurückzuführen: Wir wurden verlassen, ein anderer Mensch hat sich gegen uns entschieden und möchte nicht mehr mit uns in einer Beziehung sein. Er liebt uns nicht mehr. Beziehungen sind jedoch oftmals komplexer als das. Faktisch hat sich der- oder diejenige erst mal gegen die Beziehung entschieden, nicht gegen uns. Es gibt auch Fälle, da ist Liebe zwar noch vorhanden, aber aufgrund anderer Faktoren entscheidet sich die Person trotzdem gegen eine Beziehung mit uns.

Wenn sie sich aber tatsächlich gegen uns als Mensch entschieden haben sollte, tun wir gut daran, auf dem Tablett noch andere Gläser zu haben. Das eine leere fällt nämlich gar nicht so auf, wenn wir noch fünf weitere, relativ volle haben. Der Verlust schmerzt dann einerseits nicht so sehr und andererseits ist es leichter, nur ein leeres Glas wieder aufzufüllen als mehrere leere. Und dennoch kommt diesem einen Glas »Wichtigkeit« eine besondere Bedeutung zu: Während wir bis zu einem gewissen Grad die »Arbeit« selber füllen können durch Schule, Ausbildung, Weiterbildung, während wir Komplimente bekommen können für eine schön eingerichtete Wohnung oder teure Kleidung, sehen wir uns bei der »Wichtigkeit« dazu gezwungen, uns so sehr zu öffnen, dass uns jemand das Herz rausreißen könnte. In den anderen Bereichen können wir für unseren Selbstwert potenziell gefährliche Menschen auf Abstand halten. Aber nicht bei »Wichtigkeit«. Eine für uns subjektiv bedeutsame, nahestehende Person könnte uns wehtun. Das ist ein großes Risiko. Wenn wir dieses Risiko aber nicht eingehen, ist eines sicher: Wir werden allein bleiben. Und wenn wir allein sind, dann werden wir vielleicht auch einsam. Wenn wir es allerdings eingehen, dann haben wir immerhin die Chance darauf, glücklich zu sein. Manchmal vielleicht nur für eine gewisse Zeit, manchmal auch ein Leben lang. Aber zumindest die Option besteht. Das hört sich irgendwie nach der sinnvolleren Alternative an, finde ich.

Aber auch ein Zuviel an Bedürfniserfüllung kann dysfunktional sein. Wenn sich das Leben nur noch um uns selbst dreht, wir quasi zu wichtig sind, dann lastet ein unglaublicher Druck auf uns. Mit Druck kommt Unsicherheit. Wenn wir unsicher sind, dann machen wir erst recht Fehler, und es kommt zu Streit. Man kann es dann eigentlich nur falsch machen. Zu viel Anerkennung für die alltäglichsten Dinge wirkt unglaubwürdig. Wir stellen plötzlich auch die Anerkennung für Meilensteine in unserem Leben in Frage – vielleicht war das damals auch nicht ernst gemeint. Mit einem Mal zweifeln wir jedes Lob und jede Wertschätzung an, die wir bekommen haben! Es ist beruhigend, sich auf andere verlassen können. Wenn uns jemand aber regelrecht Hilfe aufdrängt, denkt die Person dann, wir seien unselbstständig oder gar unfähig? Es kann befreiend sein, allein etwas zu unternehmen und festzustellen, »Ich kann mich mit mir selbst und meinen Gedanken beschäftigen. Ich kann es schaffen!«. Aber wenn unser:e Partner:in uns immer wieder alleine in Urlaub fahren lässt – will dieser Mensch dann wirklich mit uns Zeit verbringen? Werden wir als zu kompliziert wahrgenommen, wenn sich jemand nicht traut, irgendetwas zu fragen, um ja nicht unsere Grenzen zu überschreiten?

Wie bei so vielem geht es auch bei der Bedürfniserfüllung um die goldene Mitte. Wir wissen manchmal vielleicht selber nicht, wo diese liegt, und wir wissen anfangs definitiv nicht, wo die goldene Mitte des Gegenübers liegt. Wir können das aber herausfinden, wenn wir miteinander sprechen und uns mitteilen. Wenn wir schauen, warum uns manche Bedürfnisse wichtiger als andere sind. Woher der Mangel bei bestimmten Bedürfnissen kommt. Und wenn wir uns gemeinsam ausprobieren; unsere Beziehung ausprobieren.

Eines Tages hatte ich eine Nachrichtenanfrage auf Instagram – es war Paul. Unsere letzte Sitzung war mittlerweile etwa ein Jahr her. Paul schrieb mir, dass ihn die Psychotherapie verändert hat. Dieser

Prozess war mit Therapieende nicht zu Ende gewesen, sondern er hat noch weiter über sich und seine Einstellungen nachgedacht. »Vielleicht«, schreibt er, »ist die Veränderung immer noch nicht abgeschlossen, schließlich habe ich in der Psychotherapie gelernt, dass wir Menschen uns ein Leben lang verändern und weiterentwickeln können.« Dieser Satz war bei ihm hängen geblieben. Er hat beschlossen, dass er sich verändern will – er ist ein erwachsener Mann und nicht mehr das kleine Kind, das auf der Treppe sitzend wartet.

Er hat sich auf einer Online-Datingplattform angemeldet und nicht mehr seinen ersten Impulsen nachgegeben. Er hat sich klar gemacht, dass eine Anmeldung nicht bedeutet, dass er eine Beziehung führen wird. Und eine Beziehung nicht damit gleichzusetzen ist, dass einem das Herz unvermeidlich gebrochen wird.

Er hat in Babyschritten gedacht, »um mal zu schauen, was dabei rauskommt«. Und er hat tatsächlich jemanden kennengelernt. Er ist alles langsam angegangen. Nach ein paar Dates hat er ihr zaghaft erzählt, dass er in Psychotherapie war, weil ihn seine Vergangenheit, sein Vater, beschäftigt habe. Mehr ins Detail wollte er nicht gehen, denn sein erster gedanklicher Impuls war es, dass es eine Schwäche sei, in Therapie zu gehen, und dass sie ihm das deutlich machen würde. Zu Pauls Erstaunen aber sagte sie ihm, dass sie es toll finde, dass er etwas an seinem Leben habe verändern wollen und dass er es angegangen sei, anstatt mit siebzig unglücklich und verbittert aufzuwachen. Dieser Zuspruch hat Paul Mut gemacht. Nach zwei bis drei Monaten hatte sich eine Situation ergeben, in der sie nach einer Definition gefragt habe: »Was machen – sind – wir? Daten wir uns? Sind wir zusammen? Sind wir ein Paar?«, und Paul bemerkte sofort, dass die Angst in ihm hochkam. Sein Herz schlug schneller, die Hände schwitzten, und sein Impuls war, sofort wegzurennen. Wegrennen, alles beenden, sich schützen. Aber er atmete tief durch und erinnerte sich an die Therapie: Wenn er jetzt wegläuft, dann wird er wieder einsam sein. Das ist nicht das, was er will. Er will mit dieser Frau zweisam sein. Seine bisherige Strategie hatte ihm Einsamkeit beschert, also habe er sich bewusst dazu entschlossen, eine neue Strategie anzuwenden.

Er habe die Fakten gecheckt, sagt er. Sie ist nicht sein Vater. Und sie hat bisher keine Hinweise geliefert, ihn verletzen zu wollen. Er ist auch keine acht Jahre alt. Er ist in einer neuen Situation mit einer anderen Person. Deshalb hat er sich dazu entschlossen, sitzen zu bleiben und ihr alles zu erzählen. Das, worüber wir in der Therapie gesprochen haben, was er mit seinem Vater erlebt hat; dass er Angst davor hat, erneut verletzt zu werden, und dass eine Definition, wie sie von ihr gewünscht wurde, immer noch Angst in ihm auslöse. Er könne nur sagen, dass er sich langsam, aber sicher in sie verliebe und dass er viel Zeit mit ihr verbringen wolle.

Und dann ist es geschehen: Sie hat ihn geküsst, sich für sein Vertrauen bedankt und gesagt, dass sie es dann eben nicht definieren. Sie respektiere seine Gefühle und wolle ihm kein Unbehagen bereiten. Dass sie ihm so wichtig sei, dass er ihr all das anvertraut habe, und ehrlich gewesen sei, sei für sie Beweis genug für seine Gefühle. Da brauche sie keine Definition.

Seit sieben Monaten sind sie nun ein Paar, schreibt Paul. »Wir sind ein Paar« – mittlerweile löst das kein Unbehagen mehr in ihm aus, sondern im Gegenteil: Er freut sich darüber, lässt er mich wissen. Er freut sich, dass er so eine tolle Frau an seiner Seite hat. Vielleicht wird sein Herz gebrochen, vielleicht aber auch nicht; was die Zukunft bringt, kann er nicht sagen.

Wolle er aber auch nicht, denn warum sollte er sich seinen Kopf von morgen zerbrechen, wenn das Heute so schön ist.

Er schickt mir ein Foto.

Paul sieht angekommen aus.

Paul sieht glücklich aus.

BEZIEHUNGSBLATT 1: MEINE BEDÜRFNISSE

Klaus Grawe hat die vier menschlichen Grundbedürfnisse formuliert: Orientierung und Kontrolle, Selbstwerterhöhung und Selbstwertschutz, Bindung und Zugehörigkeit sowie Lustgewinn und Unlustvermeidung. Welche dieser Bedürfnisse spielen in deinem Leben eine große Rolle? Wie erfüllst du sie dir? Wie kann dich dein:e Partner:in dabei unterstützen?

Orientierung und Kontrolle	Selbstwerterhöhung und Selbstwertschutz
Bindung und Zugehörigkeit	**Lustgewinn und Unlustvermeidung**

DAS GEHIRN –
WARUM WIR SO SIND,
WIE WIR SIND

UNSER GEHIRN BEEINFLUSST UNS und unsere Interaktion mit anderen Menschen. Jeder Moment, den wir erleben, ist eine Situation, in der Interaktion stattfindet. Die Informationen daraus verarbeiten wir in unserem Gehirn. Sinnesreize, also alles, was wir sehen, was wir hören, was wir riechen und was wir fühlen, prasseln auf uns ein und werden an unser Gehirn weitergeleitet. Wie aber diese Eindrücke – und auch: welche davon – verarbeitet werden, ist von Mensch zu Mensch unterschiedlich. Denn wir interpretieren individuell, was wir wahrnehmen. Nur subjektiv als wichtig Eingestuftes wird weiterverarbeitet. Das bedeutet, die eintreffenden Reize werden analysiert, in Zusammenhang mit vorhandenem Wissen gebracht und eingestuft: Manchmal erinnern uns Situationen an frühere Begebenheiten, manchmal verstehen wir etwas auf eine bestimmte Art und Weise, obwohl die Gegenseite es anders gemeint hat, und manchmal übersehen wir Informationen und berücksichtigen sie nicht. Wann etwas davon wie passiert, ist von verschiedenen Faktoren abhängig.

Grundlegend gilt: Unsere Informationsverarbeitungsfähigkeit ist stressabhängig und deshalb mal schlechter und mal besser. Wir sind müde wegen unserer Verpflichtungen, einfach kaputt und haben in diesem Moment wenig Kapazität, Sinneseindrücke detailliert zu erfassen. Es kann aber auch sein, dass es gerade ein sehr wichtiges Thema gibt, das uns beschäftigt. Es schwirrt uns ständig im Kopf herum, und deshalb werden andere Informationen als »jetzt gerade wenig wichtig« eingestuft. Das sind zwei Beispiele für sehr konkrete Situationen, die uns durch den Kopf gehen, die wir also wahrnehmen und benennen können.

Und dann gibt es noch Themen und Erinnerungen, die wabern in uns. Die schwirren uns genauso durch den Kopf, aber wir können nicht immer direkt eine Verbindung zur heutigen Situation herstellen oder sie glasklar erkennen. Dennoch: Irgendwie beeinflussen sie uns. Oftmals sind das unsere Bindungserfahrungen, große biografische Themen und daraus resultierend Überzeugungen, die wir über die Welt und über uns ausgebildet haben.

Du kannst es dir vorstellen wie einen Rucksack voller Päckchen, den wir ständig mit uns herumtragen. Diese Päckchen sorgen dafür, dass wir vorbereitet sind auf verschiedenste Situationen und wir mit ihnen umgehen können, denn sie sind gefüllt mit Erinnerungen und Strategien. Erinnerungen helfen uns, neue Erfahrungen mit bereits Erlebtem zu vergleichen und sie schnell einsortieren und einschätzen zu können. Die Strategien helfen uns, mit ungewohnten Ereignissen umgehen zu können, ohne viel Zeit und Energie aufzuwenden. Wir müssen nicht erst die Situation analysieren, alle Faktoren abwägen, einen Schlachtplan entwickeln, die Konsequenzen bedenken und uns dann für ein Vorgehen entscheiden, nein. Wir haben Strategien, die uns sagen: »Wenn X, dann mach Y«, und wir wenden diese einfach – und in der Regel automatisch – an. Es ist unglaublich sparsam, so vorzugehen.

Diese Päckchen machen unseren Rucksack aber auch schwer, das Herumtragen kostet Kraft, macht uns schneller müde, und wir brauchen öfter eine Pause. Der Rucksack mit seinem Inhalt spart zwar an mancher Stelle Energie, verursacht aber andere Kosten. Diese Päckchen hat uns das Leben in der Vergangenheit gepackt. Sie sind von damals. Ob sie heute noch sinnvoll und wirksam sind, das können wir nur herausfinden, indem wir unseren Rucksack immer mal wieder auspacken und den Inhalt kontrollieren.

ICH BRAUCHE, ALSO BIN ICH?

Stell dir vor, du machst bei einem psychologischen Versuch mit. Du meldest dich auf ein Gesuch und wirst mit deinem 12 bis 18 Monate alten Kleinkind in einen Raum in der Universität eingeladen. Dieser Raum ist so gestaltet wie ein Wartebereich in einer ärztlichen Praxis: Es gibt Stühle und Spielzeug um die Kinder zu beschäftigen, aber außerdem hängen Kameras und ein Spiegel im Raum. Im vorab stattgefundenen Telefonat hast du erfahren, dass die Rückseite dieses Spiegels durchlässig ist: In einem Nebenzimmer sind Psycholog:innen und können über die Kameras und durch den Spiegel die Situation beobachten. Dir wurde vorher erklärt, dass du mit deinem Kind den Raum betreten und dich hinsetzen sollst. Dein Kind kann sich an den Raum gewöhnen, mit den Spielsachen spielen, und dann bekommst du ein Klopfzeichen. Wenn du das Klopfen hörst, dann sollst du deinem Kind sagen, dass du gleich zurückkommen wirst, und den Raum verlassen, sodass dein Kind allein zurückbleibt. Für die Psycholog:innen ist von Interesse, was ab jetzt passiert. Wie wird das Kind auf die Trennung von dir reagieren? Was wird es machen, wenn du zurückkommst? Das ist der *Strange Situation Test* (Fremde-Situation-Test), eine der bekanntesten Untersuchungen aus der Entwicklungspsychologie.[14]

Anhand ihrer Reaktionen wurden die Kinder anfangs in drei Bindungstypen eingeteilt: *sicher gebunden, unsicher-vermeidend gebunden* und *unsicher-ambivalent gebunden*. Später wurde noch eine vierte Kategorie eingeführt, weil nicht alle Kinder in diese drei Typen reingepasst haben: *die desorganisierte Bindung*.

Sicher gebundene Kinder weinen und schreien, wenn du den Raum verlässt und sie allein zurückbleiben. Dass du weggegangen bist, löst Stress und Unbehagen in ihnen aus, und das zeigen sie offen durch das Weinen. Sie wollen deine Nähe, sie wollen dir am liebsten folgen. Wenn du zurückkommst, dann brauchen sie körperliche Zuwendung, lassen sich von dir trösten und beruhigen sich wieder relativ schnell. Es geht ihnen wieder gut, das Unbehagen ist weg, denn du bist ja wieder da.

Unsicher-vermeidend gebundene Kinder tun so, als wären sie nicht beeindruckt von der Trennung, sind es aber in Wahrheit doch! Sie bleiben ebenfalls allein zurück, weinen aber nicht und zeigen ihr Unwohlsein nicht offen, obwohl sie die Situation genauso stresst wie die anderen Kinder. Und wenn du zurückkommst, dann suchen sie keine Nähe zu dir. Sie machen das Problem mit sich selbst aus.

Unsicher-ambivalent gebundene Kinder erleben auch Stress, wenn sie allein zurückbleiben, aber viel mehr als die beiden anderen Gruppen. Sie sind extrem belastet, sie schreien und haben massive Reaktionen. Die Trennung ist unglaublich schlimm für sie, und es kann auch sein, dass sie dann gegen die Möbel schlagen oder mit dem Spielzeug werfen. Wenn du zurückkommst, dann lassen sie sich zwar auf den Arm nehmen, aber sind nicht so leicht zu beruhigen. Das Unbehagen wirkt noch nach, sie können ihre unangenehmen Gefühle nicht gut regulieren, und es kann auch vorkommen, dass sie dich schlagen, weil sie einerseits nicht wissen, wohin mit dem Schmerz, und ihn andererseits irgendwie rauslassen müssen.

Kinder mit einem desorganisierten Bindungsstil passen in keine der drei Kategorien. Manche zeigen gemischte Reaktionen, viele sind aber völlig überwältig von der Situation. Sie sind hilflos und wissen gar nicht, ob und wie sie reagieren sollen. Sie erstarren regelrecht. Es hat sich gezeigt, dass vor allem Kinder, die von ihren Eltern misshandelt werden, in diese Kategorie fallen. Als Kind brauchen wir unsere Eltern, wir sind abhängig von ihnen, um überleben zu können – gleichzeitig sind es ausgerechnet sie, die diesen Kindern unglaubliches Leid zufügen. Und deshalb reagieren solche Kinder überfordert und wie gelähmt. Wenn die Mutter weg und das Kind alleine ist, empfindet es Unbehagen. Wenn die Mutter da ist und das Kind potenziell wieder misshandelt werden könnte, dann ist es ebenfalls gestresst. Das Kind kann sozusagen nur verlieren und Leid erleben, daher weiß es einfach nicht, wie und ob es reagieren soll, und erstarrt.

Dieser Versuch wurde mehrfach wiederholt, es wurden Mütter, Väter und andere Bezugspersonen eingeladen, mal saß eine fremde Person mit im Raum und hat versucht, das Kind zu beruhigen, als die Bezugsperson weg war, und mal nicht. Er wurde mit Jungen und Mädchen durchgeführt sowie in verschiedenen Ländern.[15] Die Ergebnisse blieben gleich: die vier genannten Arten von Bindungsstilen. Man hat Kinder aus diesem Test Jahre und Jahrzehnte später kontaktiert: Der in der Kindheit dokumentierte Bindungstyp war im Erwachsenenalter gleich oder ähnlich. Auch als Erwachsene werden wir demnach von unseren kindlichen Bindungserfahrungen beeinflusst.

In anderen Befragungen wurde der Bindungsstil von Menschen und ihr Verhalten beziehungsweise ihre Reaktionen in Partnerschaften erfasst. Auch hier fand sich ein Zusammenhang. Achtung: ein Zusammenhang bedeutet nicht automatisch, dass der erlernte Bildungstyp der Grund dafür ist, aber manches scheint häufiger bei Menschen eines bestimmten Bindungsstils vorzukommen. Ein desorganisierter Bindungsstil scheint eher Probleme zu verursachen, sich auf eine Partnerschaft einzulassen oder jemandem vollständig zu vertrauen. Ihre Erinnerungen an die schlimmen Erfahrungen von damals machen es diesen Menschen schwer. Ein unsicher-ambivalenter Bindungsstil führt nicht selten zu Schwierigkeiten, was Nähe und Distanz angeht: beispielsweise zu grundlos starker Eifersucht. Menschen mit einem unsicher-vermeidenden Bindungsstil versuchen, Probleme eher alleine zu bewältigen, und konnten nicht die Überzeugung entwickeln, dass man sich Hilfe von anderen holen darf. Der Satz »Gemeinsam sind wir stark« existiert für sie nicht.

Menschen jedoch mit einem sicheren Bindungsstil (das sind die meisten von uns!) glauben daran, dass ihre Partner:innen sie lieben und akzeptieren. Diese Form der Bindung ist auch ein Schutzfaktor, was psychische Störungen angeht.

Oder wenn wir es etwas übertrieben, stereotyp und überspitzt veranschaulichen wollen: Wer einen sicheren Bindungsstil hat, wird sehr wahrscheinlich kein Problem damit haben, dass die Partner:innen mit ihrem Freundeskreis in eine Bar gehen und trinken. Sie sind überzeugt, dass sie geliebt werden, so wie sie sind. Wenn sie in einer monogamen Beziehung sind, dann vertrauen sie darauf, nicht betrogen zu werden. Wer unsicher-vermeidend gebunden ist, zeigt die eigene Unsicherheit nicht offen, lässt zwar Partner:innen feiern gehen – sitzt aber schlimmstenfalls zu Hause und macht sich ständig Gedanken: »Werde ich gerade betrogen? Lernt er/sie jemand Besseren kennen? Es gibt so viele heißere Menschen als mich da draußen, bestimmt passiert was!«, und steigert sich immer mehr in die Thematik rein, obwohl es keine Anhaltspunkte dafür gibt. Wer einen unsicher-ambivalenten Bindungsstil hat, erlaubt der anderen Person eventuell gar nicht, allein etwas zu unternehmen, oder versucht ständig, Kontrolle und Sicherheit zu erlangen: »Nein, XY darfst du nicht anziehen! Schick mir Fotos! Lass uns einen Videocall machen! Zeig mir die Umgebung, wer sitzt mit euch am Tisch?« Die eigenen Ängste und Unsicherheiten regieren, man hat den Eindruck, man könne sich gar nicht anders verhalten. Leider realisieren diese Menschen, wenn überhaupt erst relativ spät, dass genau dieses Verhalten, von dem sie sich ein bisschen Sicherheit erhofft hatten, die andere Person eher wegtreibt und zu Streit oder gar Trennung führt.

Unser Bindungsstil ist nicht in Stein gemeißelt. Er definiert eher unseren Startpunkt. Ohne es zu wollen, haben unsere Eltern ihn uns mitgegeben, in der Regel ungewollt und unbeabsichtigt. Es findet eine transgenerationale Weitergabe statt: Deine Großeltern hatten einen bestimmten Bindungsstil, der Grund für ihr elterliches Verhalten war. Dieses Verhalten haben sie an deinen Elternteil weitergeben, der sich ebenfalls an diesen Erfahrungen orientiert und sie somit dir vorgelebt hat. Unser Bindungsstil beeinflusst unsere Interpretationen der anderen: Werde ich gemocht? Bin ich wichtig? Kann ich mich auf andere Menschen verlassen? Kann ich ihnen vertrauen? Diese Gedanken wiederum beeinflussen unseren Umgang mit den Menschen, die uns wichtig sind. Und am allermeisten unseren Umgang mit denjenigen, die wir lieben. Es passiert immer wieder, dass uns diese Fragen beeinflussen und wir deshalb Aussagen unserer Partner:innen auf eine bestimmte Art und Weise interpretieren. Und dann sind wir verletzt. Oder wütend. Wir reagieren allergisch – und eventuell für die andere Person nicht nachvollziehbar. Missverständnisse und Konflikte scheinen vorprogrammiert, wenn wir unser Verhalten nicht erklären.

Wir entwickeln uns jedoch ein Leben lang, und aufgrund der Erfahrungen die wir machen, wegen unserer großen biografischen Themen, kann auch unser Bindungstyp beeinflusst werden. Es gibt Menschen, die zum Beispiel einen unsicher-vermeidenden Bindungsstil entwickelt haben und deshalb denken, sie könnten sich nicht auf andere verlassen. So ein Mensch ist Paul. Mit ein bisschen Starthilfe und der immer wiederkehrenden Erfahrung, dass andere Menschen für einen da sind und einem zur Seite stehen, kann man jedoch seine früheren Beziehungs- und Bindungserfahrungen korrigieren und eine sichere Bindung mit einer anderen Person erleben. Die Art und Weise, wie deine engen Bezugspersonen, seien es Eltern, Großeltern, Verwandte, Freundinnen oder Freunde, mit dir umgegangen sind, könnte deinen Bindungsstil erklären und wie du dich in manchen Beziehungen verhältst. Er ist aber keine Vorhersage dafür, ob deine Beziehung gelingen wird oder nicht.

ICH ERLEBE, ALSO BIN ICH?

Wie wir ticken, ist die Summe verschiedenster Faktoren, die alle zusammenwirken. Das Resultat sind wir und unsere Gedanken. Bei manchen Menschen ist einer dieser Faktoren ihre Lebensgeschichte.

Das Leben ist leider nicht immer angenehm, wir erleben nicht immer nur schöne Sachen. Diese unschönen Erfahrungen sind als Erinnerungspäckchen auch Teil deines Rucksacks. Ab und zu sage ich zu Patient:innen, dass das Leben manchmal auch eine große Aneinanderreihung von Scheiße sein kann. Geliebte Menschen, die früh sterben und eine Lücke im Herzen hinterlassen, Mobbingerfahrungen in der Schule, Partner:innen, die fremdgehen – nichts daran kann man beschönigen. Es ist scheiße, dass das jemandem – vielleicht auch dir – passiert ist! Wenn diese Dinge vorkommen, dann hinterlassen sie oft Verletzungen. Und wir wissen um unsere wunden Punkte. Aber nicht immer teilen wir sie anderen mit. Natürlich gibt es auch diejenigen unter uns, die ihre Narben mit Stolz tragen, weil sie zu Recht sagen: »Schaut her, welche Kämpfe ich überlebt habe!«, aber nicht alle sind so. Die Wunde ist eventuell noch gar nicht zu einer Narbe verheilt. Vielleicht schmerzt sie noch stark. Manche von uns halten sie vielleicht für eine Schwäche. Andere wollen nicht darüber reden, um diese alten Wunden nicht aufzureißen. Das ist alles verständlich, denn niemand möchte sich in unangenehmen Erinnerungen wälzen und den Schmerz, die Verzweiflung und Hilflosigkeit von damals wieder durchleben müssen. Unserem Gehirn ist es fast schon egal, ob eine Situation gerade real passiert, wir sie uns vorstellen, sie beobachten oder ob wir uns erinnern – die zur Situation passenden Gefühle werden geweckt. Wenn wir daran denken, wie wir verlassen wurden, werden wir traurig.

Erinnerungen sind aber unsere ständige Begleitung. Im sogenannten Hippocampus, tief in unserem Gehirn drin, sitzen sie und haben sich dort eingebrannt – in direkter Nachbarschaft zum Hippocampus, quasi unserem Gedächtnis, ist die Amygdala, der Mandelkern. Also eigentlich sind es zwei, wir haben ein Paar davon, die Amygdalae, die Mandelkerne. Sie sind einerseits für Angst und Furcht zuständig, andererseits aber auch für lustbetonte Erregung. Wir bemerken ihre Tätigkeit erst, wenn sie bei Bedrohung auf Hochtouren arbeiten und Angst auslösen. Deshalb brennen sich schlimme Erinnerungen auch so ein in unser Gehirn: die benachbarten Regionen arbeiten auf Hochtouren und leisten enorme Arbeit. Das bleibt nicht ohne Spuren. Und um diese negativen Erfahrungen nicht wiederholen zu müssen, bilden wir Strategien aus. Wir haben uns Möglichkeiten überlegt, wie wir in der Zukunft, falls ähnliche Situationen auftreten sollten, damit umgehen werden, damit es nicht wieder so schlimm wird wie damals.

Wir Menschen wollen auch Erklärungen. Wir suchen einen Grund, warum jemand mit uns in dieser einen spezifischen Situation so umgegangen ist. Warum wurden wir gemobbt? Warum wurden wir verlassen? Warum wurden wir vernachlässigt? Da wir aber nicht in die Köpfe der anderen hineinschauen können, sucht unser Gehirn den kleinsten gemeinsamen Nenner dieser unangenehmen Erfahrungen. Und der sind scheinbar wir. »Es liegt an mir!«, ist ein Gedanke, der dann hervorkriecht und uns schmerzt. Genau hier liegt aber auch die Falle, in die unser Gehirn tappt: Es muss nicht an dir gelegen haben. Vermutlich lag es überhaupt nicht an dir! Unserem Gehirn ist das aber egal, Hauptsache, es findet eine Erklärung, auch wenn sie noch so falsch ist. »Andere Menschen sind potenziell gefährlich für mich und mein Herz«, sie könnten uns so behandeln wie die Person, die uns damals hintergangen hat. In unserer neuen Beziehung könnten wir betrogen werden, unser:e Partner:in könnte ebenfalls fremdgehen und uns damit das Gefühl geben, nichts wert zu sein, keinen

Respekt verdient zu haben und austauschbar zu sein. Solche Gedanken sind unglaublich fies. Wir versuchen, sie wegzuschieben. Gedanken wegschieben funktioniert aber nicht. Dann drängen sie sich erst recht auf. Und manchmal passiert es, dass einer von ihnen immer und immer wieder auftaucht, und irgendwann fängt man an, ihm zu glauben. »Hätte ich mich doch nur so und so verhalten, dann wäre das nicht passiert«, denken wir uns. Und unser Gehirn speichert das als Strategie ab: Wenn du dich das nächste Mal so und so verhältst, dann wirst du nicht betrogen werden. Dann wirst du nicht verlassen. Wir verbiegen uns, um ja nicht wieder den gleichen Mist zu erleben. Wir machen Sachen, auf die wir wenig Lust haben. Wir geben vor, jemand zu sein, der wir nicht sind. Warum? Weil wir denken: »Ich habe mich in der letzten Beziehung gezeigt, wie ich bin, und wurde daraufhin betrogen.« Wir stellen eine Kausalität her, wo keine ist. Die Situation ist komplett unfair: Dir wird etwas angetan, und du musst mit den unangenehmen Konsequenzen, also dem Schmerz, der Trauer, dem Leid, leben. Und dann machen wir es noch mal unfairer für uns, indem wir uns selbst die Verantwortung zuschieben. Es war aber die Entscheidung von jemand anderem, somit lag auch die Verantwortung bei jemand anderem. In der Gegenwart und Zukunft denken und leben wir aber nach dieser fälschlicherweise übernommenen Verantwortung. Wir fallen hin, und während wir unsere Päckchen einsammeln, um sie wieder in unseren Rucksack zu packen, bemerken wir gar nicht, dass wir vor lauter Schmerz das Päckchen der anderen Person eingesteckt haben. Und weil wir so selten in unseren Rucksack hineinschauen, tragen wir es nun unbemerkt mit uns herum. Der Rucksack war ja schon immer schwer, ein Päckchen mehr fällt uns gar nicht auf.

Du merkst: Die Strategien oder Überzeugungen müssen nicht zwingend aus der Kindheit und dem Elternhaus kommen. Es kann auch eine besonders negative Erfahrung in einer Freundschaft, in der Schule oder in der letzten Beziehung gewesen sein, die uns die Message »Ich bin anderen Menschen unwichtig« mitgegeben hat. Menschen, die als Jugendliche gemobbt wurden, berichten oft auch noch als Erwachsene, dass sie sich anfangs unwohl fühlen in einer Gruppe fremder Menschen. Menschen, die in ihrer vergangenen Beziehung betrogen wurden, sind häufig in der jetzigen Beziehung vorsichtiger oder misstrauischer.

Dazu kommt: Das Gehirn braucht viel Energie, um zu funktionieren. Nicht nur unwillentliche körperliche Abläufe wie Herzschlag oder Atmung müssen funktionieren, sondern auch willentliche wie Laufen oder Greifen. Gleichzeitig haben wir Sinneswahrnehmungen, die verarbeitet werden wollen. Und wir schätzen Situationen bewusst ein, überlegen uns vielleicht Konsequenzen. All das braucht Energie. Deshalb ist es biologisch sinnvoll, dass unser Gehirn an anderen Stellen Energie sparen möchte. Statt jede Begebenheit komplett neu zu bewerten, beziehen wir uns auf unsere Erfahrungen aus der Vergangenheit. Unser Gehirn überprüft, ob wir etwas Ähnliches oder Vergleichbares bereits erlebt haben, es denkt in Schubladen. In diesen sucht es nach Handlungsanweisungen und gegebenenfalls Lösungsstrategien. Schubladendenken ist deshalb erst mal nichts Negatives. Es hilft uns, Energie zu sparen. Wenn wir uns aber zu sehr darauf verlassen, dann werden wir eventuell dem Heute und der anderen Person nicht gerecht. Wir handeln so, als wären wir in der damaligen Situation – denn wir wissen, wie die Sache damals ausging. Manche Erlebnisse waren schlimm, andere schön, und eine Wiederholung wollen wir entweder verhindern oder wiedererleben.

Wir nutzen also heute, im Hier und Jetzt, Strategien, die sich an der Vergangenheit orientieren. Wir reagieren heute so, wie wir idealerweise damals hätten reagieren sollen. Dabei leben wir nicht mehr im Damals, wir sind kein kleines, schutzbedürftiges Kind mehr, wir sind nicht mehr die Person, die gemobbt wurde. Wir sind erwachsene Menschen, die für sich selbst sorgen oder andere um Hilfe bitten können. Wir haben heute Möglichkeiten, die wir damals nicht hatten. Wir haben uns weiterentwickelt. Und unser Gegenüber ist jemand anderes. Es ist uns selbst und der anderen Person gegenüber unfair, unhinterfragt die Gedanken und Strategien zu wiederholen, die eigentlich für andere Situationen bestimmt waren.

ICH GLAUBE, ALSO BIN ICH?

Aber all dieser Mist, der uns passiert ist, der muss doch einen Grund haben – oder? Es fällt uns schwer, an Zufälle zu glauben. Zufälle setzen manche Menschen gleich mit Austauschbarkeit oder Bedeutungslosigkeit. Zufälle sind eine unbefriedigende Erklärung. »Wenn es nichts mit mir zu tun gehabt hätte, nicht mein Schicksal war, dass ich betrogen wurde, dann spiele ich ja überhaupt keine Rolle, ich bin egal, ich bin unwichtig und austauschbar!«, hat mal eine Patientin gesagt. So eine Erklärung reicht für uns nicht.

Weil unser Kopf unbedingt den Grund für die Art und Weise, wie Menschen mit uns umgegangen sind, kennen möchte, bilden wir Ideen und Überzeugungen aus. Das ist logisches Denken, das dem Ganzen zugrunde liegt. A führt zu B. Wenn ich B vermeiden will, darf A nicht sein. Also mache ich C. Denn C führt hoffentlich zu D. Oder anders: Wenn ich mich zeige, wie ich bin, dann werde ich betrogen. Wenn ich es vermeiden will, betrogen zu werden, darf ich mich nicht zeigen. Also verbiege ich mich. Das führt hoffentlich dazu, dass ich nicht hintergangen werde. Das ist eine Regel, um Katastrophen zu vermeiden.

Zack, du bist in die Falle getappt!

Denn so logisch das auf den ersten Blick wirken mag, so unvollständig ist diese Schlussfolgerung. Es fehlen die Umstände, und vor allem fehlt dein Gegenüber. Die andere Person hat dir etwas angetan, nicht du dir selbst! Die Verantwortung für das Mobbing, für das Vernachlässigen, für das Fremdgehen liegt nicht bei uns, aber wir richten heute unsere Gedanken und unser Verhalten so aus, als hätten wir die negativen Erfahrungen auf diese Weise damals verhindern können. Es war die Entscheidung eines anderen Menschen, dir das anzutun – aber du übernimmst die Verantwortung dafür, als hättest du ihm diese Idee in den Kopf gepflanzt und ihn fast schon zur Ausführung gezwungen.

Als Kleinkinder besteht unser Kosmos aus unserer Kernfamilie, je nach Konstellation sind das Mutter und Vater, zwei Mütter, zwei Väter, alleinerziehende Elternteile oder getrennt lebende Eltern, vielleicht auch mit ihren jeweils neuen Partnerinnen und Partnern. Bei manchen zählen noch Geschwister dazu oder Großeltern oder nahe Verwandte, die wir sehr regelmäßig gesehen haben und die zu unseren Bezugspersonen geworden sind. Von unserer Kernfamilie schauen wir uns vieles ab. Da sie unsere Welt sind, erklären wir uns die gesamte Welt so, wie wir es im Elternhaus mitbekommen. Je älter wir werden, desto mehr Infos kommen dazu, und wir verändern unsere Erklärungen. Wir passen unser Weltbild an. Wir sehen, wie unsere Freundinnen und Freunde Dinge handhaben, wie bei ihnen zu Hause etwas gemacht wird.

Ob wir es wollen oder nicht, unsere Erziehung beeinflusst uns. Erziehung ist nicht nur »Das darfst du«, »Das darfst du nicht«. Erziehung ist, wann und wie wir wofür gelobt werden. Erziehung ist, ob unsere Fragen geduldig beantwortet oder genervt weggewischt werden. Erziehung ist, wie mit uns umgegangen wird. Da wir nicht in das Innenleben anderer Menschen blicken können, wissen wir nicht, *warum genau* mit uns so umgegangen wurde. Aber wir kennen unser eigenes Innenleben sehr gut. Diese uns sehr gut bekannten Informationen nutzen wir, um Erklärungen auszubilden. Wir können nicht in die Köpfe anderer hineinschauen oder Gedanken lesen – daher scheint es so, als bliebe uns manchmal auch gar nichts anderes übrig, als den Grund bei uns selbst zu suchen. Wir ziehen subjektive Schlüsse, weil uns objektive Informationen fehlen. Aber auch, weil es bei sehr emotionalen Themen schwerfällt, objektiv zu sein.

Im kindlichen Gehirn ist die Fähigkeit, sich klarzumachen, dass andere Menschen eigene Beweggründe haben, die nichts mit uns zu tun haben, noch gar nicht angelegt. Es beginnt erst im Kleinkindalter sich zu entwickeln, in etwa im Alter von zwei bis drei Jahren, und braucht ein paar Jahre, um fertig ausgebildet zu sein. Alle Reaktionen der nahestehenden Menschen, positive und negative, werden bis dahin mit dem eigenen, kindlichen Ich begründet. »Weil ich ein gutes/schlechtes Kind bin, reagieren meine Eltern so.« Je emotional schmerzhafter die (falsche) Schlussfolgerung, umso mehr brennt sie sich ein. Eingebrannte Sätze werden zu Überzeugungen und beeinflussen uns auch noch als Erwachsene. Egal wie klar wir uns machen, dass andere Menschen eigene Beweggründe haben, wir wissen es nicht 100-prozentig. Und selbst wenn wir es wissen, verletzt es uns trotzdem. Denn wider besseres Wissen schreit unsere Überzeugung: »Weil ich unattraktiv/nicht spaßig genug/im Bett nicht experimentierfreudig bin, wurde ich betrogen!«

Wer am lautesten schreit, hat aber nicht immer recht.

Manche Menschen haben Überzeugungen von sich, die an Bedingungen geknüpft sind. Es sind *Wenn-dann*-Aussagen, die sie über sich selber getroffen haben. »Wenn ich Leistung erbringe, dann bin ich liebenswert«, ist zum Beispiel so eine Überzeugung. Diese Menschen glauben, dass sie erst eine Leistung erbringen müssen, um die Zuneigung anderer verdient zu haben. Ihre bloße Existenz reicht für sie nicht aus, um liebenswürdig zu sein. Und ohne sich das bewusst zu machen, führen sie dieses Muster in ihren Beziehungen fort. Sie versuchen Leistung zu erbringen, um die Zuneigung ihrer Partner:-innen zu erlangen. Das kann in Form von Geschenken sein, von Arbeit im Haushalt oder etwas anderem, aber all das hat bei diesen Menschen die Gemeinsamkeit, dass sie diese Dinge machen, weil sie tief im Inneren hoffen, sich dadurch die Liebe ihres Gegenübers zu verdienen.

ICH SCHLEPPE, ALSO BIN ICH?

Unser Rucksack ist voll mit Ideen und Vorstellungen über die Welt, mit hilfreichen und weniger hilfreichen Strategien für den Umgang mit bestimmten Ereignissen, mit Hoffnungen, Wünschen und Überzeugungen über uns selbst. Und diesen Rucksack haben wir ständig auf dem Rücken und bedienen uns – je nach Situation – an den Elementen, mit denen er gefüllt ist. Das gilt für jede Art von Interaktion. Andere Menschen hatten natürlich andere Familien und Bezugspersonen, deshalb sind ihre Rucksäcke auch anders gefüllt. In der Familie, aus der wir kommen, sind die Inhalte unseres Rucksacks wirksam. Das heißt, treten dort bestimmte Situationen auf und wir reagieren mit den erlernten Strategien, dann sind sie hilfreich, weil sie in unserer Familie bewährt und etabliert sind. Ganz unten, am Boden des Rucksacks, sind unsere Überzeugungen über uns selbst.

Die Dinge, die wir im Rucksack mit uns rumtragen, kennen wir in- und auswendig. Wir halten so sehr an ihnen fest, weil wir so vertraut mit ihnen sind. Also nutzen wir die Strategie noch verbissener als vorher: Sie hat doch früher gewirkt, also muss sie jetzt auch wirken! Wir vergessen dabei aber leider, dass wir sie nicht bei unseren Bezugspersonen von früher, sondern heute, umgeben von anderen

Menschen, einsetzen. Bei diesen funktionieren manche unserer Strategien, andere aber nicht.

In unserem Elternhaus lernen wir, wie man mit wichtigen Menschen umgeht. Wir bekommen eine Anweisung in unserem Rucksack mit: »Wenn dir jemand etwas bedeutet, dann zeige das auf folgende Art und Weise.« Manche Eltern tun das beispielsweise über das Kochen. Im Zusammenspiel mit deinen Eltern funktioniert womöglich die Strategie, dass du dich bekochen lässt und ihnen das Gefühl gibst, dass sie sich immer noch um dich kümmern dürfen, und du – egal wie alt du bist – ihr Kind bist. Das Kochen symbolisiert für sie, dass sie gebraucht werden. Bei deinem Partner oder deiner Partnerin käme das aber vermutlich gar nicht so gut, wenn du erwarten würdest, jeden Tag bekocht und komplett versorgt zu werden. Die Strategie, die bei deinen Eltern wirkt, um Harmonie zu erleben, tut es in deiner Beziehung eventuell überhaupt nicht.

Unser Elternhaus gibt uns nicht nur mit, wie wir anderen zeigen können, dass sie uns etwas bedeuten. Ebenso gibt es uns mit, ob *wir* überhaupt wichtig sind. Ob dieses Bedürfnis existieren darf oder nicht und wie es ausgedrückt wird. Kann man sich auf andere Menschen verlassen oder nicht? Werden sie meine Bedürfnisse respektieren oder ignorieren?

Wir erklären uns die Welt über die Reaktionen anderer Menschen. Da wir aber über die Beweggründe der anderen kaum oder gar keine Infos haben, erklären wir uns ihr Verhalten mit Überzeugungen, die wir aus der Vergangenheit haben. Und die meisten Informationen haben wir wie gesagt über uns selbst – also erklären wir uns auch das Verhalten anderer über uns selbst.

Stell dir zwei Babys in zwei verschiedenen Familien vor. Während Baby 1 direkt Aufmerksamkeit bekommt, wenn es schreit, reagiert bei Baby 2 niemand. Baby 1 weint, weil es friert, jemand kommt und deckt es zu. Baby 1 weint, weil es Hunger hat, jemand kommt und füttert es. Bei Baby 2 ist das nicht so. Es wird ignoriert, wenn es weint. Baby 1 wird durch das Verhalten seiner Umgebung lernen, dass andere Menschen kommen und dabei helfen werden, den Mangel zu beseitigen; wenn es an Wärme mangelt und es sich beschwert, wird jemand kommen und Wärme spenden. Es lernt, dass es anderen Menschen vertrauen kann. Wenn etwas Unangenehmes passiert, werden andere Menschen Baby 1 beistehen und ihm helfen. Das machen sie, weil es ihnen wichtig ist. Baby 2 aber lernt, dass man sich nicht auf andere verlassen kann. Egal wie laut es schreit, niemand wird ihm zu Hilfe kommen. Es lernt, dass es auf sich alleine gestellt ist im Leben. Wenn es Mängel beseitigen, Bedürfnisse erfüllt haben, positive Konsequenzen sehen will, dann muss es sich den negativen Dingen komplett allein stellen.

Denken wir zurück an Paul: Aufgrund der Erfahrungen mit seinem Vater hat er bestimmte Glaubenssätze über sich selbst abgespeichert. Paul weiß nicht, warum sein Vater keine Zeit mehr mit ihm verbringen wollte. Er konnte die fehlende Information nicht bekommen, also hat sein Gehirn die Lücke für ihn geschlossen: Es muss an ihm selbst liegen. Er muss wohl unwichtig sein, sonst hätte sein Vater anders gehandelt. Deshalb gilt für Paul: Wichtigen Menschen widmet man Zeit.

Für unsere Überzeugungen kann es auch gesellschaftliche Gründe geben. Beispielsweise herrscht in unserer Gesellschaft unausgesprochener Konsens darüber, dass wir nur bestimmte Emotionen zeigen dürfen. Menschliche Gefühle werden in Schubladen eingeordnet: Es gibt angeblich »gute« und »schlechte«. Oder »angebrachte« und »unangebrachte«. Männer dürfen zum Beispiel Freude und Wut äußern, aber keine Angst oder Scham oder nur in Extremsituationen wie zum Beispiel Trauer beim Tod geliebter Menschen. Zeigen sie diese Gefühle trotzdem, werden sie als schwach abgestempelt. Schwäche gilt aber nicht als männlich. Männer, die ihre Emotionen öffentlich zulassen, werden also schnell abgewertet. Die Gesellschaft hat uns auch dazu passende Sprüche geliefert. »Männer weinen nicht« oder sollen, statt zu trauern, lieber »ein Mann sein!«.

Frauen dagegen sollen bitte glücklich sein, sie sollen lächeln, sie dürfen gnädigerweise manchmal auch traurig sein und Angst haben. Aber zeigt eine Frau Wut, wird gleich gesagt, dass sie »zickig« sei oder gar »bestimmt ihre Tage« habe. In den Köpfen herrscht nach wie vor ein starres Bild, wie wir alle zu sein hätten und wie wir unsere Rollen ausleben sollten. Alle, die von diesen Vorstellungen abweichen, werden damit konfrontiert. Wenn wir aber unsere Kinder so erziehen, wie können wir dann von erwachsenen Partner:innen erwarten, dass sie mit uns alle ihre Gefühle teilen? Das ist ein kompletter Widerspruch.

Wir brauchen Sicherheit, um unser Innerstes offenzulegen: Sicherheit, nicht abgewertet zu werden. Sicherheit, nicht ausgenutzt zu werden dafür. Sicherheit, keinen sinnlosen Spruch um die Ohren geknallt zu bekommen. Sicherheit, ernst genommen zu werden. Völlig unabhängig von unserem Geschlecht.

Das Gegenteil von Sicherheit ist Bedrohung. Und als Konsequenz löst Bedrohung Angst aus. Wenn wir also Angst haben, dass unser Herz gebrochen werden könnte, dann ist unser Wohlergehen gefährdet. Statt uns dennoch zu öffnen und das Risiko einzugehen, entscheiden wir uns deshalb oft für ein anderes Vorgehen. Wir versuchen, der kurzfristig unangenehmen Situation zu entkommen, indem wir uns nicht öffnen, sondern verschließen. Die Bedrohung ist abgewendet. Das Herz ist beschützt. Wir sind vermeintlich wieder in Sicherheit. Aber nur bis zum nächsten Moment, in dem wir glauben, dass unser Herz in Gefahr sein könnte.

In manchen Beziehungen kommen die unterschiedlichen Rucksäcke mit ihren Überzeugungen und Strategien aus verschiedenen

Kulturen. Hier ist das Potenzial für Missverständnisse besonders groß, wenn wir uns in der jeweils anderen Kultur wenig oder gar nicht auskennen.

Deshalb gilt es, interkulturelle Kompetenz aufzubauen. Wir können uns nicht in allen Kulturen dieser Welt auskennen, dem ist einfach so. Wir können aber von anderen lernen – und jemand mit der benötigten Expertise sitzt neben dir und führt diese Beziehung mit dir. Es ist nicht nur erlaubt, nachzufragen, sondern es ist manchmal auch notwendig. Und wenn es nicht notwendig ist, kann es dennoch hilfreich sein – gerade der Umgang mit Eltern oder älteren Verwandten kann je nach Herkunftskultur unterschiedlich gehandhabt werden. Während es in Deutschland oft üblich ist, schnell beim Duzen und dem Vornamen zu landen, gibt es Kulturen, in denen das nie der Fall sein wird, egal wie lange ihr zusammen seid. Vielleicht ist dein:e Partner:in gar nicht kalt und distanziert. Vielleicht ist er oder sie nicht *zu* emotional oder dramatisch. Vielleicht sind das nur erlernte Umgangsformen mit Gefühlen der jeweiligen Kultur, in der sie aufgewachsen sind.

Kulturelle Unterschiede kann es übrigens auch regional innerhalb eines Landes geben und genauso auch sozioökonomisch zwischen Arbeitendenfamilien und akademischen Familien geben.

Aus welchen unterschiedlichen Kulturen kommen du und dein:e Partner:in? Und wie beeinflussen euch diese Kulturen bis heute?

ICH ENTSCHEIDE,
ALSO BIN ICH!

Schon dein ganzes Leben lang trägst du also diesen Rucksack mit dir herum, den dir alle zusammen – dein Leben, deine Herkunft und deine Erziehung – gepackt und mitgegeben haben. Das muss aber nicht sein! Du bist eine erwachsene Person, die ihre eigenen Entscheidungen trifft. Und noch viel wichtiger: Du lebst heute im Hier und Jetzt. Alles, was dir passiert ist, ist zwar Teil deiner Geschichte und hat dich zu der Person gemacht, die du heute bist. Du hättest wahrscheinlich vieles gar nicht erreichen können, wenn du den Mist nicht erlebt hättest. Aber du bist nicht Opfer deines Schicksals. Du kannst und du *darfst* anders leben. Du musst Liebe und Zuneigung nicht so ausdrücken, wie deine Eltern das gemacht haben. Du musst es nicht akzeptieren, wenn dich heute jemand so behandelt, wie du früher behandelt wurdest. Du darfst deinen Freund:innen so viel Wert sein, wie sie es dir sind. Kurz gesagt: Niemand kann dich zwingen, diesen Rucksack aufzubehalten! Deshalb:

Nimm dir doch kommendes Wochenende mal die Zeit und schau dir deinen Rucksack an, den das Leben dir mitgegeben hat. Wie groß und schwer ist er? Seit wann trägst du ihn mit dir herum? Was ist da ganz genau drin?

Wenn du sehr mutig bist, dann frag deine:n Partner:in oder deinen Freundeskreis, ob sie Päckchen in deinem Rucksack vermuten, die du bisher noch gar nicht gesehen hast.

Leere ihn komplett aus. Nimm die einzelnen Päckchen heraus und packe sie aus. Was entdeckst du?

Fang an, zu sortieren. Gibt es Päckchen, die hilfreich sind und die du behalten willst? Welche davon sind eher hinderlich in deinem Leben? Warum trägst du sie noch mit dir herum? Du darfst Päckchen auch auspacken, den Inhalt nicht gut finden und sie einfach stehen lassen. Du musst nicht alles, was dir mitgegeben wurde, mit dir rumschleppen. Es lässt sich leichter durch das Leben laufen, je weniger dein Rucksack wiegt.

BEZIEHUNGSBLATT 2A: MEINE GLAUBENSSÄTZE

Unsere Glaubenssätze über uns selbst und über andere Menschen sind
abgespeicherte Überzeugungen, die wir aufgrund unserer Lebensgeschichte und biografischen Erlebnissen haben. Was denkst du über dich
selbst?

Ich bin ....
....

Ich bin ....
....

Ich bin ....
....

Ich bin ....
....

Wenn ich ...., dann ....
....

Wenn ich ...., dann ....
....

Wenn ich ...., dann ....
....

Wenn ich ...., dann ....
....

BEZIEHUNGSBLATT 2B: MEINE GLAUBENSSÄTZE

Unsere Glaubenssätze über uns selbst und über andere Menschen sind abgespeicherte Überzeugungen, die wir, aufgrund unserer Lebensgeschichte und biografischen Erlebnissen haben. Was denkst du über dein:e Partner:in?

Du bist ....
....

Du bist ....
....

Du bist ....
....

Du bist ....
....

Wenn du ...., dann ....
....

Wenn du ...., dann ....
....

Wenn du ...., dann ....
....

Wenn du ...., dann ....
....

DIE OHREN –
HÖR MIR ZU UND
SPRICH MIT MIR!

WIR ALLE ZEIGEN ZUNEIGUNG und Verbundenheit auf unterschiedliche Weise. Es könnte doch so einfach sein, zu sagen: »Du bist mir wichtig!«, oder? Leider kommunizieren wir aber selten so direkt. Gleichzeitig zählen für manche von uns Taten mehr als Worte. Ein Geschenk zum Beispiel schickt zwischen den Zeilen die Message: »Ich habe an dich gedacht, weil du mir etwas bedeutest.« Oder kleine Aufmerksamkeiten im Alltag: Wenn sich jemand merkt, welche Augenfarbe man hat oder wie man seinen Kaffee trinkt, wiegt für viele schwerer als der Satz »Du bedeutest mir etwas«. Denn wenn wir uns merken wollen, dass der Kaffee mit einem Schuss Milch und einem kleinen bisschen Zucker getrunken wird, müssen wir aktiv Energie und Zeit aufwenden, um diese Information abzuspeichern und auch wieder abzurufen, während ein Satz schnell dahingesagt sein kann. Es gibt unzählige Möglichkeiten, wie wir einander zeigen können, dass wir uns wichtig sind.

TATEN SPRECHEN LASSEN

Im Bereich der partnerschaftlichen Kommunikation wird oft von den fünf Sprachen der Liebe gesprochen, fünf Möglichkeiten, wie wir unserem Gegenüber unsere Liebe zeigen können. Die Analogie wird herangezogen, um aufzuzeigen, dass wir mit unterschiedlichen »Sprachen« aufgewachsen sind und deshalb in einer Beziehung die »Sprache« des Gegenübers erst lernen müssen, damit wir effektiv miteinander kommunizieren können. Wenn wir das nicht schaffen und unsere Liebe deshalb auf eine Art und Weise zeigen, die unser Gegenüber nicht versteht, dann entstehen Missverständnisse und Konflikte.

Die erste Art und Weise, oder »Sprache«, ist Lob und Anerkennung. Menschen fühlen sich geliebt, wenn sie Komplimente und positiven Zuspruch bekommen. Sie brauchen es, zu hören, dass sie geliebt und wertgeschätzt werden. In diesem Fall ist es wichtig, die andere Person wertzuschätzen und auch ihre Leistungen anzuerkennen.

Die zweite Sprache ist Zweisamkeit. Dein Gegenüber fühlt sich geliebt, wenn du ihm/ihr deine ungeteilte Aufmerksamkeit schenkst und ihr Zeit miteinander verbringt. Ihr könnt gemeinsam etwas unternehmen oder euch miteinander unterhalten – wie der Inhalt dieser gemeinsamen Zeit gefüllt wird, ist eher zweitrangig, Hauptsache, ihr nehmt euch bewusst Zeit füreinander ohne Unterbrechungen, ohne Ablenkungen.

Die dritte Sprache ist, Geschenke zu machen. Es geht um physische Geschenke, unabhängig davon, wie viel sie wert sind. Sie stehen symbolisch dafür, dass du dir die Zeit genommen hast, dir etwas zu überlegen und es zu besorgen. Du hast dir Gedanken gemacht, was der anderen Person gefallen würde, bist dann losgezogen und hast es gekauft. Du hast Zeit, Energie und Geld investiert.

Die vierte Sprache ist Hilfsbereitschaft, also dein Gegenüber zu unterstützen, zu umsorgen. Es geht darum, im Alltag jemandem unter die Arme zu greifen, eine helfende Hand zu reichen.

Und die fünfte Sprache ist Zärtlichkeit, genauer gesagt: körperliche Zärtlichkeit und Zuneigung. Dein Gegenüber möchte als Ausdruck der Liebe Umarmungen, Küsse, Streicheleinheiten. Körperlicher Kontakt wird als Ausdruck emotionaler Nähe verstanden.

Die Idee von den Sprachen der Liebe wurde in den frühen 1990ern von Gary Chapman eingeführt, einem Pastor in den USA.[16] Es gab recht früh schon Kritik, einerseits fehlt komplett eine empirische Evidenz – die fünf Sprachen der Liebe hat er sich selbst überlegt. Es ist eine Idee, die wissenschaftlich nicht untermauert ist. Zudem wurde und wird kritisiert, dass seine Ansichten einem traditionellen Geschlechterbild entsprechen. So sagt Chapman selbst zum Beispiel, dass Frauen ihre Liebe eher durch Kochen, also Hilfsbereitschaft, und Männer eher durch Körperlichkeit, also körperliche Zärtlichkeit, ausdrücken würden. Nicht nur werden Menschen hier in Kategorien gepresst, sondern es ist auch problematisch, dass unterstellt wird, dass wir geschlechtsabhängige Arten hätten, unsere Zuneigung auszudrücken. Es gibt Frauen, die nicht kochen können, aber über großes handwerkliches Geschick verfügen, und Männer, die als Handwerker zwei linke Hände haben, aber dafür super kochen können. Müssen die sich unbedingt gegenseitig finden, weil sie sonst keine Möglichkeit haben, ihren Partner:innen ihre Liebe zu zeigen?

Viele fragen sich auch, wie man acht Milliarden Menschen in fünf Kategorien aufteilen soll. Sind wir Menschen nicht komplexer? Selbst wenn dem nicht so wäre: Sollten Lob und Anerkennung, Zweisamkeit sowie Hilfsbereitschaft nicht Teil einer jeden gut funktionierenden Partnerschaft sein? Sie erscheinen mir eher wie das Fundament einer Beziehung, als bloß ein Ausdruck von Zuneigung zu sein. In mehr als der Hälfte der Kulturen auf der Welt scheint Küssen nicht Teil einer Beziehung zu sein, man küsst sich in diesen Kulturen nicht. Es wird zum Beispiel als unhygienisch interpretiert. Anderswo zeigt man körperliche Intimität nicht im öffentlichen Raum, das Brautpaar würde sich bei der standesamtlichen Trauung niemals auf den Mund küssen oder vor den Eltern Händchen halten. Wenn deine Liebessprache aber Zärtlichkeit ist und du mit jemandem aus einer dieser Kulturen in einer Beziehung bist, was dann? Hast du dann Pech gehabt und wirst in vielen Situationen des Lebens keine Liebe gezeigt bekommen?

Im Laufe der Zeit wurde – unabhängig von Chapman und ohne sein Zutun – als sechste Sprache der Liebe *Distanz* eingeführt. Hiermit ist gemeint, dass Menschen ihren introvertierten Partner:innen, beziehungsweise Partner:innen mit Autismus oder Ähnlichem, Zeit für sich geben und gönnen, weil alle von Chapman postulierten Liebessprachen immer eine Interaktion miteinander beinhalten. Manchmal kann es aber auch Ausdruck von Liebe sein, dass wir der anderen Person Raum geben. Hierin zeigt sich gut, dass die fünf Sprachen der Liebe nicht auf alle Menschen passen. Wir leben in einer sich ständig verändernden Welt, wir wurden eventuell mit verschiedenen kulturellen Normen erzogen, wir sind charakterlich unterschiedlich. Können wir unsere Liebe nicht auch auf mehr als fünf Arten ausdrücken? Vielleicht drückt dein:e Partner:in Liebe dadurch aus, alle deine Social-Media-Beiträge zu liken oder viele gemeinsame Fotos von euch zu machen, um in der Zukunft Erinnerungen zu haben. Was früher Liebesbriefe waren, sind heute lange Nachrichten auf dem Smartphone. Für manche ist ein Ausdruck von Liebe das gegenseitige Verlinken in Social-Media-Profilen, um für alle sichtbar zu machen: »Das ist mein:e Partner:in.« Liebe kann auch dadurch gezeigt werden, aktiv nach Wünschen zu fragen bei der gemeinsamen Freizeitgestaltung. Oder aber jemandes Religion zu respektieren; sich gegen die eigenen Eltern und auf die Seite unserer Partner:innen zu stellen bei Streit, also Stellung zu beziehen; für jemanden mitzudenken beim Packen, wenn es in den Urlaub geht; jemandes Mutter- oder Zweitsprache zu lernen; sich für jemanden vermehrt vegetarisch/vegan zu ernähren; sich für das Leben, den Alltag, die Biografie der anderen Person zu interessieren oder oder oder.

Das Konzept der fünf Liebessprachen stammt nicht aus der Psychologie oder Psychotherapie. Es kann euch unter Umständen helfen, es kann ein Anhaltspunkt sein, ob ihr etwas in eure Beziehung integrieren möchtet – aber lasst euch davon nicht unter Druck setzen! Die Gefahr ist, dass man sich zu sehr auf einen Aspekt fokussiert, weil man davon ausgeht, dass »die Liebessprache des Gegenübers aber nun mal XY ist« – was wir wie brauchen, kann sich situativ ändern. Wenn ich belastet bin und Probleme habe, dann brauche ich vielleicht ein offenes Ohr und Kommunikation oder ich brauche eine Umarmung und Trost. Wenn ich krank im Bett liege, dann brauche ich vielleicht jemanden, der oder die mir eine Suppe kocht. Viel wichtiger als das »auf diese Art und Weise drücke ich Zuneigung aus« scheint zu sein, dass man sich überhaupt damit beschäftigt, was mein:e Partner:in jetzt in diesem Moment braucht, und das dann umsetzt.

DAS GEGENÜBER
SPRECHEN LASSEN

Ich bin verabredet zu einem Videocall mit Professor Dr. Guy Bodenmann. Er ist Psychologe, Psychotherapeut und Professor für Klinische Psychologie mit Schwerpunkt Kinder/Jugendliche sowie Paare/Familien an der Universität Zürich und erforscht seit über 25 Jahren Paarbeziehungen. Nach dem etwa einstündigen Gespräch hängt mir eine seiner Aussagen heute, Monate später, noch in den Gedanken:

Eigentlich ist eine Partnerschaft ein schlechter Deal, als Singles haben wir weniger Stress. Aber wir haben auch das doppelte Ausmaß an Ressourcen – wir müssen nicht alleine mit den Stressfaktoren fertigwerden, sondern da sind zwei Leute, die mit Stress klarkommen können, und zusätzlich ist da eine Person, die für mich da ist und an die ich mich wenden kann, wenn ich etwas nicht mehr alleine packe. Und das ist unschätzbar mehr wert als die Stressoren, die durch eine Partnerschaft in mein Leben gebracht werden. Diese Synergie wiegt den Stress mannigfach auf!

Bodenmann forscht vor allem darüber, was Stress mit einer Partnerschaft macht. Stress kann hierbei in etwa als »Belastung« verstanden werden. Es gibt die sogenannten *daily hassles*, also tägliche Stressfaktoren wie zum Beispiel nervige Arbeitstage oder Termine, zu denen wir es unbedingt schaffen wollen. In Ergänzung dazu gibt es auch Makrostressoren, auch *negative life events* genannt. Hierzu zählen unter anderem kritische Lebensereignisse wie Arbeitslosigkeit, Krankheit oder Tod einer nahestehenden Person. Als Singles begegnen uns nur unsere eigenen *daily hassles* und *negative life events*; in einer Partnerschaft jedoch erlebt auch unser Gegenüber diese Stress auslösenden Faktoren, bringt selbst Stress und Belastungen mit nach Hause. Und wir als Einzelpersonen, du und ich, müssen damit leben lernen. Als Partner:innen müssen wir zudem auch lernen, gemeinsam damit umzugehen, damit die Beziehung nicht daran zerbricht.

Es geht folglich nicht nur darum, wie es dir als Einzelperson mit deinen Belastungen und den Belastungen deines Gegenübers geht, auch nicht darum, wie dein:e Partner:in mit den eigenen und deinen Belastungen klarkommt, sondern es geht vor allem darum, wie ihr als Paar damit umgeht. Bodenmann erklärt es so:

Früher war das Bild ja »wenn es mit der Beziehung nicht funktioniert, dann ist der Wurm drin, dann stimmt was mit dem Paar nicht«. Wenn wir z. B. an weit verbreitete Vorstellungen denken, dann heißt es, da kommen Menschen zusammen, die gehen eine Beziehung ein, und ihre Psychen funktionieren dann so, dass sie sich eine Zeit lang ergänzen, und irgendwann realisieren sie, dass sie das doch nicht tun, und es kommt zur Krise. Ich glaube aber, Paare könnten ganz gut miteinander umgehen – wenn nicht dieser unzählige Stress von außen in die Partnerschaft hineinschwappen und sie vergiften würde. Den meisten Stress erleben wir in der Regel nicht innerhalb der Partnerschaft, son-

dern außerhalb; zum Beispiel im Beruf. Und wir bringen dann den Stress in die Partnerschaft nach Hause und das wirkt sich negativ auf das Paarklima aus. Es gibt viel Forschung dazu, dass Stress die partnerschaftliche Kommunikation verschlechtert, sie wird oberflächlicher, lösungsorientierter. Es geht nicht mehr um Emotionen oder die Gründe, sondern man will ganz schnell eine Lösung finden. Die Kommunikationsqualität wird ebenfalls schlechter, man wird gereizter, weniger gut im Zuhören, weniger empathisch. Man macht weniger Komplimente, ist weniger unterstützend. Stress erhöht das Risiko für partnerschaftliche Probleme und Krisen.

Das, was Bodenmann erklärt, ist vermutlich etwas, das wir alle aus unserem eigenen Leben kennen: Es gibt manchmal einfach schlechte Tage. Die Laune ist im Keller. An genau diesen Tagen haben wir wenig Energie, weil wir ausgelaugt sind. Unangenehme Gefühle rauben uns die Kraft, die wir bräuchten, um uns in andere hineinzuversetzen und gleichzeitig zu analysieren, worum es gerade geht und was wir machen können.

Paare brauchen eine Ressource, eine Möglichkeit, etwas in Gang zu bringen, um gemeinsam als Paar Stress bewältigen zu können.
Es ist eigentlich ganz spannend: Nehmen wir an, eine Person kommt abends gereizt nach Hause, wirkt verschlossen, weil sie Stress in der Arbeit hatte. Dann weckt das Ganze unweigerlich bei der anderen Person bestimmte Muster. »Oh, jetzt kommt er wieder gereizt nach Hause, ich hab genug, immer dasselbe«, denkt man sich, und es kommt zu Konflikten. Statt einen anderen Weg einzuschlagen und zu fragen: »Du, was ist denn los, was ist vorgefallen, dass du so nach Hause kommst?« Das ist auch wahrnehmungsmäßig eine andere Ausrichtung, dass ich nämlich nicht denke: »Er kommt meinetwegen so gereizt nach Hause«, sondern ich denke: »Es könnte an mir liegen, aber es gibt auch viele

*andere Möglichkeiten, woran das liegen könnte«. Die Frage »Was ist
passiert? Erzähl!« ist eine Strategie, um mit externem Stress umzugehen.*

Die in uns geweckten Muster, die Bodenmann hier beschreibt, kommen dir vermutlich bekannt vor – es sind die Überzeugungen und
Glaubenssätze, die im vorherigen Kapitel angesprochen wurden. Es
sind die Gedanken, die wir wegen unserer Vergangenheit in unseren
Köpfen haben und die uns dazu verleiten, Situationen auf eine ganz
bestimmte Art und Weise zu interpretieren.

*Das erste ist die Wahrnehmung: Es ist etwas vorgefallen, deshalb be-
findet sich mein Partner in einer Schieflage. Das zweite ist, die Hand
zu reichen, zum Gespräch einzuladen und darüber zu reden. Natürlich muss aber die andere Person diese Einladung auch annehmen und
darauf eingehen. Wir hören ganz häufig, »Ach nix, passt schon«, also
dieses voreilige Abwimmeln der Einladung, anstatt zu sagen: »Ja,
stimmt, ich bin gerade ganz schlecht beieinander. Ich hab diesen und
jenen Vorfall gehabt, es ist schiefgelaufen, und seitdem bin ich ge-
knickt.« Statt vorschnell Unterstützung zu bieten, wie es die meisten
tun, ist es wichtig, zuzuhören und zu sagen: »Erzähl mal, was war daran schlimm«, anstatt zu sagen: »Ach, Kopf hoch, war doch bestimmt
nicht so schlimm!«*

Was Bodenmann hier beschreibt, nennen wir in der Psychotherapie
Validierung. Das bedeutet, die Gefühle und Sichtweisen unseres Gegenübers zu bemerken, zu verstehen, aufzugreifen und zu zeigen,
dass man es verstanden hat. Sich in die andere Person hineinzuversetzen. Die Rückmeldung selbst kann auf unterschiedliche Arten erfolgen. Wir können mitfühlend schauen, wenn jemand etwas
erzählt, was ihn oder sie traurig macht. Wir können Gedanken in

Emotionen übersetzen. Das bedeutet, wenn mir mein Gegenüber sagt: »Ich habe mich als totaler Versager gefühlt«, dann könnte ich zum Beispiel zurückmelden: »Das ist ja traurig!«, weil ich vielleicht weiß, wie es meinem Gegenüber geht, wenn er sich als Versager und Nichtsnutz sieht. Oder wir können das Umgekehrte machen und Emotionen in Gedanken übersetzen. »Ich war unglaublich wütend auf meine Chefin«, könnte ich dann übersetzen mit: »Das war ja auch unglaublich respektlos dir gegenüber! Natürlich macht das wütend!« Ebenso lassen sich Gefühle mit anderen Gefühlen validieren: »Ich war soooo wütend.« – »Wütend? Ich wär pissig an deiner Stelle!« Oder Gedanken lassen sich umformulieren, und dadurch zeigen wir, dass wir die andere Person verstanden haben, weil wir mitdenken (»Ich wurde regelrecht bloßgestellt auf Arbeit!« – »Das ist ja so, als wärst du an den Pranger gestellt worden!«).

Zu den fortgeschritteneren Validierungstechniken, die wir in der Psychotherapie einsetzen, gehört einerseits, Bezug auf die Biografie unseres Gegenübers zu nehmen. Wenn mir Patient:innen erzählen, dass sie zum Beispiel in der Arbeit angeschrien wurden und weinen mussten, dann kann ich sagen – natürlich nur, wenn ich diese Information sicher habe! –, dass das ja Ähnlichkeiten hat zu früher, als die Eltern so geschrien haben, wenn einem ein Fehler passiert war. Andererseits bin ich auch immer wieder radikal authentisch und nutze das zur Validierung. Ich sage ganz ehrlich: »Wenn mir das passiert wäre, hätte ich genauso reagiert!« All das zeugt nicht nur von Verständnis, sondern unter Umständen auch davon, dass die Reaktion unseres Gegenübers »normal« beziehungsweise menschlich war. Wir anderen Menschen würden ähnlich reagieren. Es war legitim, sich so zu fühlen.

Es geht darum, der anderen Person Raum zu bieten zum Erzählen. Wenn ich erzählen kann – und vor allem: darf –, spüre ich, die andere

Person interessiert sich für mich, sie gibt mir Raum. Und dadurch bekomme ich die Möglichkeit, nachzudenken: »*Was war das eigentlich genau, was mich so betrübt hat, was hat mir so zugesetzt daran?*« *Und erst wenn die Person A selber versteht, warum sie betrübt ist, und B davon erzählt, und B das verstanden hat, dann folgt die Unterstützung. Wenn Paare das gut hinbekommen, ist das eine unschätzbare Ressource und weit mehr als nur Kommunikation.*

»Man kann nicht nicht kommunizieren«, sagt der Psychologe Paul Watzlawick dazu.[17] Dieser Satz erklärt so vieles. Wir kommunizieren nicht nur verbal, sondern auch nonverbal. Unsere Mimik, Gestik, der Tonfall unserer Stimme, unsere Blickrichtung, unsere Körperhaltung, die Wörter, die wir bei der verbalen Kommunikation verwenden, sie alle senden Botschaften an unser Gegenüber. Immer und zu jeder Zeit. Manchmal gewollt, manchmal ungewollt.

In der Kommunikationspsychologie wird deshalb von den vier Seiten einer Nachricht[18] gesprochen. Diese vier Seiten sind im Prinzip vier Arten von Botschaften zwischen den Zeilen, die wir aussenden können und die unser Gegenüber empfangen beziehungsweise interpretieren kann. Deshalb ist auch manchmal vom Vier-Ohren-Modell die Rede, denn Menschen können Nachrichten auf einem dieser vier Ohren hören und entsprechend interpretieren.

Stell dir folgende Szene vor: Du sitzt abends nach der Arbeit völlig fertig auf der Couch und willst die Füße hochlegen, da sagt dein:e Partner:in zu dir: »Der Mülleimer ist voll.« Was ist mit diesem Satz gemeint? Ist das eine Information rein auf der Sachebene, also dass der Mülleimer voll ist? Oder ist das ein Appell an dich, dass du den Müll raus in die Tonne bringen sollst? Ist es vielleicht eine Botschaft auf der Beziehungsebene, dass ihr beide ein Paar seid und deshalb über alles im Haushalt gleichermaßen informiert sein solltet? Oder ist es eine Selbstoffenbarung, und die Botschaft zwischen den Zeilen

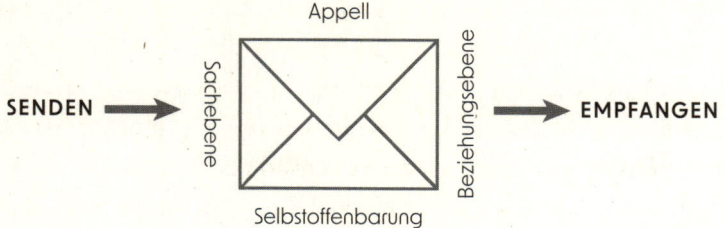

Abb. 1: Vier Seiten einer Nachricht nach Friedemann Schulz von Thun

ist: »Ich kümmere mich um den Haushalt und erhalte zu wenig Unterstützung von dir, du liegst nur auf der Couch herum«?

Andere Szene: Dein:e Partner:in und du wollt essen gehen. Als du fragst, wohin es gehen soll, erhältst du die Antwort: »Egal!« Was ist gemeint? Auf der Sachebene könnte es bedeuten, dass es wirklich egal ist. Hauptsache, es gibt was zu essen. Ist das »egal« aber ein Appell, dann könnte es bedeuten, dass du doch endlich mal eine Entscheidung treffen sollst. Wenn jedoch gemeint ist, »Egal, Hauptsache, wir verbringen einen schönen Abend zu zweit«, dann handelt es sich um die Beziehungsebene. Es kann aber auch in Wahrheit eine Selbstoffenbarung sein im Sinne von: »Es interessiert mich nicht, denn ich habe noch ein Hühnchen mit dir zu rupfen!«

Nachrichten haben nach diesem Modell also vier Seiten oder vier mögliche Botschaften. Es kann einerseits die reine Sachebene, die pure Information, gemeint sein. Es kann sich aber auch um einen Appell, eine Aufforderung, handeln. Manchmal steckt in der Nachricht eine Botschaft über unsere Beziehung zueinander, und andere Male gibt die andere Person mit der Nachricht etwas über sich selbst preis. Es geht gar nicht um den Informationsgehalt der Nachricht, sondern sie ist eine Selbstoffenbarung (siehe Abbildung 1).

Die Frage, was nun wirklich gemeint sein könnte bei den beiden oben genannten Beispielen, ließe sich viel leichter beantworten, wenn die Szene real wäre und wir den Tonfall und die Körpersprache berücksichtigen könnten. Sicher sein können wir uns dennoch nicht. Wir haben vielleicht eine Vermutung, weil wir unser Gegenüber kennen, aber selbst dann wissen wir nicht eindeutig, was die andere Person wirklich meint. Wir könnten es aber, wenn wir miteinander direkt kommunizieren würden, anstatt Botschaften zwischen den Zeilen zu verstecken.

Hier steckt noch eine weitere Tücke. Ich als Absender kann kaum beeinflussen, welche der vier möglichen Botschaften jemand erhält. Oder anders formuliert: Ich kann nicht bestimmen, auf welchem Ohr du meine Nachricht hörst: Ist es das Sachebenenohr? Appellohr? Beziehungsohr? Selbstoffenbarungsohr? Nur der/die Empfänger:in kann das, denn er/sie interpretiert. Wir alle tun das, und deshalb sind wir es, die bestimmen, was bei uns ankommt. Unsere Interpretationen sind gefärbt von all den Päckchen in unserem Rucksack aus dem Elternhaus. Wir alle tendieren dazu, bestimmte Botschaften eher und schneller wahrzunehmen als andere. Gleichzeitig kann es zu konkreten Störungen beim Aussenden oder Empfangen einer Nachricht kommen. Jemand kann nuscheln, und die Nachricht (und somit auch die Botschaft) wird schlechter verständlich. Oder aber die empfangende Person ist gedanklich mit einem anderen Thema beschäftigt und hört deshalb gar nicht richtig zu. Was passiert dann?

Dann beginnen wir als Absender:innen wiederum mit unserer Interpretation: Warum versteht mich mein Gegenüber nicht? Macht er oder sie das etwa absichtlich? Und je nachdem, wie die Umstände sind, wirst du vielleicht wütend oder aber traurig – denn die vermeintlich logische Erklärung könnte ja sein, dass die andere Person dich nicht verstehen will, weil du ihr nicht wichtig bist. Sie liebt dich gar nicht. Solche Gedanken tun weh, sie führen vielleicht zu Rückzug und emotionaler Distanz. Dabei war dein Gegenüber einfach abgelenkt oder erlebt gerade eine Belastung in einem anderen Teil des Lebens, aber liebt dich dennoch. Vielleicht hat es inhaltlich nichts mit dir zu tun. Da aber oftmals die Panik lauter ist als rationalen Gedanken, bemerken wir solche Argumente meist gar nicht. Wir hören nur unsere Angst schreien. Und da es uns so dermaßen weh-tun würde, wenn die andere Person uns wirklich nicht mehr liebte, fragen wir nicht direkt nach. Wir belassen es bei der misslungenen Botschaft zwischen den Zeilen, denn wir wollen uns mit einer direkten Frage nicht der konkreten Befürchtung stellen, aus Angst, dass wir jemandem wirklich nicht wichtig sein könnten. Wir vermeiden die direkte Kommunikation, denn diese würde bedeuten, dass wir uns öffnen müssten. Und sich jemandem zu öffnen, sich verletzlich zu zeigen macht uns Angst. Das bestätigt Bodenmann:

Also diese Vermeidung, diese negative Verstärkung, ist genau der Punkt. Man vermeidet die eigenen unangenehmen Gefühle und schützt sich. Es ist heiß, da will man nicht hinein, man könnte die Kontrolle verlieren. Man hat Angst und fragt sich: »Wie reagiert mein Partner darauf, wenn ich mich plötzlich schwach zeige?« Beides ist gefährlich. Somit landet man in der Vermeidung und bleibt in der Oberflächlichkeit der Kommunikation. Damit versagt man sich selbst die Möglichkeit, darüber hinauszuwachsen, es alleine, aber auch mit Partner zusammen bewältigen zu lernen, und versagt sich auch die Möglichkeit, diese Intimität zu erfahren. Partnerschaften werden oberflächlicher, man entfremdet sich immer mehr voneinander, die Liebe verschwindet. Man denkt sich, »jedes Gespräch mit anderen Menschen ist spannender als das Gespräch mit dir«. Aber gerade wir als Psychotherapeuten sehen ja: Wenn man abtaucht in die Tiefe, dann sind Gespräche mit allen spannend! Das Oberflächliche ist nicht spannend, für niemanden.

Je mehr ich mich mit Psychologie, Menschen und Psychotherapie beschäftige, umso mehr bemerke ich, dass ich hinterfrage. Ich komme mir manchmal vor wie ein kleines Kind, das ständig »Aber warum? Wieso? Weshalb?« fragt. Warum kommunizieren wir indirekt, frage ich mich. Angst als alleinige Antwort erscheint mir zu einfach. Und da meldet sich mein Kopf: Was, wenn uns die Gesellschaft zur indirekten Kommunikation erzieht?

Wir nutzen Höflichkeitsfloskeln im Alltag und in geschäftlichen E-Mails. Wir fragen täglich so viele Menschen, wie es ihnen geht, aber eine aufrichtige Antwort wollen wir nur von wenigen. Es gibt mittlerweile Coaches und Kurse zu geschäftlicher Kommunikation. Wir lächeln zum hundertsten Mal Tante Erna an und bedanken uns für den Geburtstagskuchen, den wir nicht mögen, anstatt zu sagen: »Vielen lieben Dank, Tante Erna! Das ist so lieb von dir! Ich will dir eigentlich seit Jahren sagen, dass das gar nicht mein Lieblingskuchen ist, ich esse ihn nur dir zuliebe. Aber ich wollte dich nie verletzen. Ich war hilflos und wusste einfach nicht, wie ich es dir sagen sollte, weil du mir so wichtig bist!« Indirekte Kommunikation gilt als höflich.

Tatsache ist auch: Wenn du der dir vorgesetzten Person mal so richtig die Meinung sagen würdest, also direkt kommunizierst, hättest du vermutlich große Probleme in der Zukunft. Die indirekte Kommunikation sitzt so tief, dass wir sie auch in unseren Freundschaften und Liebesbeziehungen fortführen. Und nicht selten fühlen sich Menschen vor den Kopf gestoßen, wenn jemand zur Abwechslung direkt kommuniziert. Am deutlichsten wird das, wenn wir mit Menschen aus anderen Kulturen oder aber auch mit Menschen aus dem Autismus-Spektrum sprechen. Es gibt Kulturen, in denen lehnt man eine Einladung höflich ab, aber nur, damit man noch mal eingeladen wird – um dann zusagen zu können.

Indirekte Kommunikation ist kulturell und situativ unterschiedlich, viele andere Faktoren müssen hinzugezogen, gesellschaftliche Normen beachtet werden. Und genau hier haben zum Beispiel manche Menschen aus dem Autismus-Spektrum Schwierigkeiten. Sie verstehen den Sinn der indirekten Kommunikation nicht und können mit unseren Botschaften nichts anfangen. Sie kommunizieren viel direkter. Aber weil indirekte Kommunikation gesellschaftlich akzeptierter ist, ecken sie an. Sie ecken an und fallen auf, weil sie das Spiel nicht beherrschen. Aber sind wirklich sie es, die etwas nicht können? Wäre das Leben nicht leichter, wenn wir direkter miteinander sprechen würden und dadurch wüssten, woran wir sind? Und zudem: Es mag im Arbeitskontext gängiger sein, Äußerungen indirekt zu formulieren – warum übernehmen wir aber diese Norm in unsere Partnerschaft? Warum zeigen wir uns nicht so, wie wir sind? Die Liebe deines Lebens sieht dich fiebrig, krank, sie sieht beim Sex dein orgasmusverzerrtes Gesicht, nimmt deine Körperteile in den Mund – aber direkte Kommunikation, nein, das ist zu riskant.

Es ist ja anstrengend, diese Mauer immer hochzuhalten, das braucht ja ganz viel Kraft, betont Bodenmann. *Ich möchte ja auch so sein, wie ich bin. Und wo kann ich das? In der Psychotherapie und/oder in einem geschützten Rahmen. Und der geschützte Rahmen ist idealerweise die Partnerschaft. Paare haben eine unglaubliche Selbstheilungskraft. Zu spüren,* »dieser Mensch akzeptiert mich so, wie ich bin. Bei diesem Menschen darf ich so sein, wie ich bin«, *das ist eine unschätzbare Erfahrung, die ein unglaublich heilendes Potenzial hat. Darum mache ich ganz häufig in der Paartherapie nicht mehr, als hinunterzutauchen in die Gefühle, und entlasse die Paare nach Hause. Die Paare beginnen dann miteinander zu sprechen:* »Das hat mich mitgenommen, als du darüber gesprochen hast, das hat mich traurig gemacht. Das kenne ich auch.« *Und dann realisieren die Menschen, dass ihr Gefühl ganz normal ist, dass es menschlich ist. Wir werden eben traurig, wenn nicht wertgeschätzt wird, was wir tun. Man ist gar nicht so daneben mit den eigenen Gefühlen. Und sich zeigen zu dürfen, wie man ist, lässt die Partnerschaft attraktiv werden.*

Wir haben es verlernt, direkt zu kommunizieren. Einerseits wissen wir nicht, wie das Gegenüber reagieren wird, andererseits interpretieren wir meist ein kleines Stück weiter und befürchteten nicht selten massive Konsequenzen: Wie wird mein Gegenüber *auf mich* reagieren, wenn ich mich so direkt äußere? Je nachdem, was in unserem Rucksack ist, kann es sein, dass wir beginnen zu katastrophisieren. Wir blasen die Befürchtung vor unserem geistigen Auge auf enorme Größe auf und sind zu eingeschüchtert, um uns ihr zu stellen. Also machen wir in dem Moment das, was uns am logischsten, weil sichersten, erscheint: Wir vermeiden die Konfrontation. Wenn ich nicht direkt kommuniziere, dann kann die Katastrophe nicht eintreten. Das beruhigt für den Augenblick.

Langfristig füllt sich das Fass aber allmählich, und irgendwann kommt es zur Explosion. Jahrelang aufgestauter Frust entlädt sich. Der Knall ist so riesig, dass die Beziehung vielleicht nicht überleben kann, es bleibt ein Scherbenhaufen zurück. Die von uns befürchtete Katastrophe ist eingetreten. Wir fühlen uns bestätigt: Hätten wir die Dinge nicht direkt angesprochen, dann hätte es nicht so geknallt.

Moment, vergessen wir hier nicht etwas? Was ist mit der zeitlichen Komponente und der gesammelten Frustration? Hätten wir nicht gewartet, bis das Fass voll ist, sondern direkt jedes Mal das Problem angesprochen, dann hätte es vielleicht gar nicht geknallt. Es wäre nicht zu einem Feuerwerk an Explosionen gekommen, sondern ein kleiner Knallfrosch wäre in die Luft gegangen. Die Wahrscheinlichkeit ist extrem hoch, dass deine Partnerschaft den Knallfrosch ausgehalten hätte.

Die Erfahrungen kumulieren sich, sagt Bodenmann. *Viele haben aber die Strategie des Verdrängens. Und das macht es erst schlimm. Nehmen wir zum Beispiel Paare, bei denen Person A im Streit mit Person B immer wieder die Schwiegermutter, Bs Mutter, erwähnt und was diese vor zehn oder fünfzehn Jahren gesagt hat. Sinnvoll wäre es, das direkt anzusprechen:* »Mich hat es gestört, dass du mich nicht geschützt hast, nicht gesagt hast ›Hey Mama, behandle meine:n Partner:in nicht so‹«, *und dann wär's ja gegessen gewesen und hätte nicht die länger dauernde Wertigkeit bekommen. Viele machen das aber nicht, verdrängen es. Man ist enttäuscht und das staut sich auf. Ein externer Faktor wird dann ein paarinterner Faktor. Es geht ja nicht nur darum, dass die Schwiegermutter mich so behandelt hat, sondern auch, dass mein:e Partner:in sich nicht schützend an meine Seite gestellt hat. Wenn Paare in die Therapie zu mir kommen, dann ist das alles ja schon passiert, es hat sich kumuliert, und sie tragen es seit Jahren mit sich herum. Und dann spreche ich das als Psychotherapeut in der Paartherapie irgendwann an und sage:* »Na ja, es ist ja 50/50. Sie, B, haben sich nicht an die Seite Ihrer Partnerin gestellt, und Sie, A, haben es aber damals auch nicht direkt angesprochen. Sie beide tragen an der heutigen Situation die Verantwortung.« *Zu Beginn der Paartherapie wird diese Sichtweise häufig abgelehnt (»Nein, mein Partner ist schuld«), aber mit der Zeit kommt die Erkenntnis, dass die bisherige Strategie zu einem Berg voller Enttäuschungen und Frust geworden ist und dass ein direktes Ansprechen Abhilfe hätte schaffen können.*

Wir haben biografisches Material, unsere Schemata, das bringen wir mit in die Partnerschaft, wir erleben unschöne Momente in der Partnerschaft. Die unschönen Momente wirken mit unseren Schemata zusammen und führen zu Verletzungen. Wir verdrängen die unschönen Momente, denken: Hmmm, das ist ja noch nicht allzu schlimm«, aber die kumulieren sich, und irgendwann merken wir, es ist ein riesiges Ausmaß, und das zieht einen runter. Es ist immer der gleiche Me-

chanismus: Von außen schwappt etwas nach innen in die Beziehung und macht etwas mit uns als Paar und mit mir als Einzelperson. Ich muss nicht darüber reden, was für eine schlimme Person die Schwiegermutter ist, sondern es geht darum, was sie in mir auslöst. »Was macht die Schwiegermutter oder den Satz, der damals gefallen ist, so schlimm für mich? Und was hat es mit mir gemacht, dass du mich nicht geschützt hast?« Das sind die unangenehmen Gespräche, die aber fruchtbar sein können.

Nun ist es zugegebenermaßen natürlich nicht leicht, bei diesem Beispiel Abstand zu gewinnen und rational darüber zu sprechen, denn es geht ja um die eigene Mutter. Wir haben eine emotionale Bindung zu ihr, hoffentlich eine positive. Und in genau diesen Fällen schmerzt Kritik, weil wir sie persönlich nehmen. Jemand übt Kritik an *deiner* Mutter. Damit wirst auch du indirekt kritisiert. Zumindest ist das eine gängige Interpretation. Hier Distanz zu gewinnen und sich in unsere Partner:innen hineinzuversetzen ist nicht leicht. Deshalb ist die Empfehlung, die emotionale Kommunikation zuerst an paarexternen Stressfaktoren zu üben, wie zum Beispiel Arbeit und Vorgesetzte.

Sobald der Stressfaktor paarintern ist, also es zum Beispiel um mir nahestehende Personen wie Mutter oder Vater geht, da können wir nicht hundertprozentig mitschwingen. Wir werden defensiv, erläutert Bodenmann. *Wir denken automatisch, »sie greift jetzt meine Mutter an«, und wir werden hellhörig und sind nicht willens oder schaffen es gar nicht, uns emotional einzulassen. Darum ist die Methode, zuerst mit paarexternem Stress zu beginnen: Warum war die Kritik in der Arbeit so schlimm? Was genau war daran so verletzend? Da kann ich als Partner:in voll mitschwingen, das hat nichts mit mir zu tun. Das ist der erste Punkt. Und wenn ich das verstanden habe, dann kann ich* den Transfer hinbekommen und erkennen: »Stimmt, das macht meine Mutter ja auch so ähnlich und drückt den Finger auf bestimmte Punkte bei meiner Partnerin«, oder sogar: »Ich mache das zum Teil auch, deshalb reagiert sie so stark.« Das wäre einem vorher nicht gelungen, wenn man nicht mit paarexternem Stress begonnen hätte.

Kinder sind genauso heikel, das ist auch ein internes Thema. Und da werde ich auch nie komplette Distanz schaffen, da sind immerhin 50 % meiner Gene in diesem Kind, es ist ein Teil von mir. Und dann denkt man sich schlimmstenfalls, »Jetzt greift er unser Kind an, xy mag er am Kind nicht, und das Kind hat das von mir, also mag er mich nicht« – auch hier beginnen wir extern, und dann schafft man den Transfer zum internen Stress.

Manchmal geht es nicht darum, eine Lösung für ein Problem zu bekommen oder eine Lösung anbieten zu müssen. Menschen, die einen Appell in jedem Satz hören (»Lös meine Probleme!«), neigen aber genau dazu. Und dann entstehen Konflikte, weil wir uns *nicht gesehen* fühlen. Selbst dieser letzte Satz ist schon indirekte Kommunikation. Natürlich sieht uns unser Gegenüber. Das Auge leitet Reize an das Gehirn weiter. Aber das meinen wir nicht. Wir meinen *wahrgenommen und verstanden* werden. Wir meinen, dass unsere Bedürfnisse erkannt und erfüllt werden. Oftmals geht es darum, dass jemand ein offenes Ohr für unsere Probleme hat, uns zuhört. Verständnisvoll nickt. Einfach nur da ist. Es geht darum, dass wir eine Schulter zum Anlehnen bekommen. Oder unsere Schulter der anderen Person anbieten.

BEZIEHUNGSBLATT 3A:
MEIN KOMMUNIKATIONSSTIL

- Kommunizierst du indirekt?
- Kommuniziert ihr in eurer Beziehung indirekt?
  - ◆ Wenn ja: Warum? Versuchst du vorsichtig, Dinge anzudeuten, die dir wichtig sind oder die du befürchtest? Testest du etwa dein Gegenüber, so wie ich mit dem Frühstück getestet habe?
- Welche Bedürfnisse stecken hinter der indirekten Kommunikation?
- Funktioniert die indirekte Kommunikation einwandfrei?
  - ◆ Falls ja: Alles super! Ihr schafft es, indirekt zu kommunizieren.
  - ◆ Falls nein: Hast du schon versucht, direkt zu kommunizieren?

Erinnere dich an die vier Seiten einer Nachricht: Wie interpretierst du Nachrichten? Welche Tendenz hast du?

- Woher kommt deine Tendenz?
- Was kannst du tun, um diese Tendenz aufzulösen?
- Wie kann dein:e Partner:in begünstigen, dass du deine Tendenz auflöst?

BEZIEHUNGSBLATT 3B: UMGANG MIT STRESSOREN

Wenn eine:r von euch mal wieder vom Stress des Lebens belastet wirkt:

- **1. Schritt:** Frag nach: Was ist los? Warum wirkt dein Gegenüber so betrübt/ängstlich/anders als sonst?

- **2. Schritt:** Warum genau war das Erlebnis unangenehm für dein Gegenüber? Verstehe die Person! Versetze dich in seine/ihre Lage.

- **3. Schritt:** Mache keine vorschnellen Lösungsvorschläge. Teile mit, dass du es verstehen kannst, dass dein Gegenüber so traurig ist. Wenn du es nicht verstehen kannst, dann ist die Erklärung nicht logisch genug oder ihr seid noch nicht auf das »Warum« gestoßen. Wenn wir die Logik hinter dem Gefühl verstehen, dann ergibt alles Sinn.

- **4. Schritt:** Angebote machen
  - ◆ Wenn dein Gegenüber weiß, was er/sie braucht, dann kannst du danach fragen: Was brauchst du von mir? Kann ich was für dich tun?
  - ◆ Wenn dein Gegenüber es nicht weiß, dann äußere einfach dein Verständnis. Halte die Traurigkeit mit deinem Freund/deiner Freundin aus. Manchmal fällt man hin und muss kurz liegen bleiben. So ist das Leben. Daran ist nichts verwerflich. Nach gewisser Zeit kannst du der Person aber deine Hand reichen und ihr anbieten, dass du Aufstehhilfe leistest.

DER MUND –
»ICH HAB'S DIR
SCHON TAUSENDMAL
GESAGT!«

LISA UND ANNA SIND beide Ende 20 und seit mehreren Jahren zusammen. Wir sehen uns heute zum fünften Mal, weil sie als Paar, wie sie es selbst nennen, einen »ungünstigen Streitstil« haben. Ich frage nach einer typischen Situation, und Anna hat direkt ein Beispiel parat:

»Letzte Woche war schönes Wetter, und wir hatten Freund:innen samstags zum Grillen eingeladen. Ich habe am Donnerstag eine Liste gemacht, was noch eingekauft werden muss, und Lisa wollte alles besorgen. Dann ist sie mit weniger Bier und Wein zurückgekommen, als auf der Liste stand. Das geht doch nicht! Wir haben zum Grillen eingeladen, dafür brauchen wir Salate, Grillgemüse, Grillkäse, Grillfleisch, Wasser, Saft, Bier und Wein. Wir haben eingeladen, wir müssen doch alles dahaben!« – »Anna, ich habe es dir letzte Woche gesagt, und ich sage es dir heute noch mal, wir leben in Berlin!« Ich sehe, wie Lisa die Augen rollt. »Nicht nur, dass wir an einem Tag grillen wollten, an dem nachmittags die Supermärkte offen haben, nein, es gibt auch Spätis und Tankstellen und Lieferdienste. Notfalls, wenn alles ausgetrunken ist, bestellen wir was oder ziehen los und kaufen noch mal Getränke. Das ist doch kein Beinbruch! Außerdem bringen die doch auch immer noch was mit und kommen nie mit leeren Händen.« Jetzt wird Anna ein bisschen wütend, vermutlich fühlt sie sich unverstanden: »Lisa, *wir* laden ein. Wir treffen uns nicht zum Picknicken, sondern wir laden ein. Wir sind die Gastgeberinnen! Wir sorgen für das leibliche Wohl unserer Gäste. Du kannst doch nicht mittendrin aufstehen und für 15 Minuten verschwinden, um Späti-Getränke zu holen! Was genau verstehst du daran nicht?« Lisa steigt in die Wut ein, sie schaukeln sich gegenseitig hoch: »*Du* verstehst es nicht. *Dir* geht es um eine perfekte Erscheinung wie auf Instagram, *mir* geht es darum, mit den Menschen, die wir mögen, Zeit zu verbringen. Da ist es doch egal, ob eine Flasche Wein mehr oder weniger im Kühlschrank ist, man kann auch welche nachkaufen!«

»Möchten Sie darüber reden, ist das Ihr ungünstiger Streitstil?«, frage ich nach. »Nein«, sagt Lisa, »inhaltlich ist es genau das, was letzte Woche auch war – aber das danach ist eher das Problem.«

»Was passiert denn danach?«, will ich wissen. Lisa erzählt mir, dass sie Anna im Streit nicht verletzen möchte. Sie will nicht, dass ihr etwas rausrutscht und sie ihr das Herz bricht. Wenn sie der Meinung ist, dass sie sich beim Streit im Kreis drehen, geht sie einmal um den Block. Wenn sie ein paar Minuten herumlaufen kann, wird die Wut weniger. So kann sie rationaler argumentieren und – so ihre Absicht – hoffentlich einen besseren Kompromiss finden. Wenn Lisa dann allerdings zurück in die Wohnung kommt, findet sie Anna weinend im Wohnzimmer vor. Lisa fällt aus allen Wolken, denn sie ist extra aus der Wohnung gegangen, um nichts Verletzendes zu sagen oder den Streit eskalieren zu lassen. Warum weint Anna jetzt? All das überfordert sie. »Ich wüsste dann gerne, warum Anna weint«, sagt Lisa in meine Richtung.

»Haben Sie Anna das schon mal gefragt?«

»Nein. Ich bin dann so überfordert und umarme sie einfach nur, weil ich nicht weiß, was ich sonst tun soll.«

»Jetzt ist Ihre Gelegenheit zum Fragen«, ermuntere ich sie.

Anna schaut zu Boden. Sie schaut weder Lisa noch mich an, spricht aber in ihre Richtung. »Ich will nicht streiten, ich würde es gerne direkt klären und besprechen. Aber du lässt mich sitzen. Ich bleibe zurück, und jedes Mal, wenn du gehst, denke ich ›Sie wird nicht mehr zurückkommen, jetzt verlässt sie dich‹!«

»Ich will dich doch nicht verlassen, wie kommst du auf so eine Idee?« Lisa sitzt fassungslos neben ihr.

Anna und Lisa haben völlig unterschiedliche Streitkulturen in ihren Elternhäusern mitbekommen. Ihre Kernfamilien haben ihnen jeweils vorgelebt, wie in dieser Familie gestritten wird, aber als Erwachsene generalisieren Anna und Lisa das und gehen automatisch davon aus, dass *alle* Menschen so streiten.

Anna berichtet, dass sich ihre Eltern nie vor ihr und ihren Geschwistern gestritten hätten. Sie hätten immer auf heile Welt gemacht und Probleme hinter geschlossener Türe besprochen. Daher wisse sie gar nicht, wie man sich streite. In ihrem Rucksack ist Streit nicht enthalten. »Unterschiedliche Meinungen hat es nicht zu geben«, sagt sie zu ihrer Partnerin und mir. In ihrem Rucksack befindet sich die Strategie, »auf Teufel komm raus einer Meinung sein, selbst wenn das bedeutet, sich selbst zu verbiegen«. »Wie unrealistisch ist das denn, du bist ein Individuum und ich bin eines – natürlich sind wir auch mal unterschiedlicher Meinung. Alles andere wäre ja gruselig«, entgegnet ihr Lisa. »Ich weiß, ich weiß«, sagt Anna fast schon trotzig. Sie erzählt, dass sie ihre Mutter vor ein paar Jahren damit konfrontiert hat: »Ihr habt es nur gut mit uns, euren Kindern, gemeint, aber seid dabei übers Ziel hinausgeschossen; ihr habt uns nicht beigebracht, wie man streitet und dass man in einer Beziehung streiten darf«, habe sie gesagt. Sie will ihren Eltern keine Schuldvorwürfe machen, sie weiß, dass sie nur das Beste für sie wollten – aber sie hätten sie zu sehr vor Problemen »beschützt«. Ihre Eltern haben immer eine heile Welt dargestellt, sodass Anna nichts anderes kennt.

Lisa versteht, dass Anna diese heile Welt vor Freund:innen und Bekannten aufrechterhalten will. Aber mit ihr, ihrer Partnerin, sei das absurd, schließlich würden sie ja zusammenleben.

Anna erzählt uns, dass sie einmal einen Streit mit einer Freundin hatte. Diese völlig neue Erfahrung habe sie zutiefst verletzt. Sie wusste nicht, dass Menschen, die sich mögen, einander widersprechen und wütend aufeinander sein dürfen. Weil sie so verletzt war, zog sich Anna von dieser Freundin zurück und brach den Kontakt letztendlich ab. »Menschen, die sich lieben, streiten sich nicht. Streit führt zu Kontaktabbruch«, fasst sie zusammen. Und bei jeder Meinungsverschiedenheit befürchtet sie nun, dass Lisa ihre Beziehung beenden wird. Denn schließlich verlässt Lisa nach einem Streit ja tatsächlich die gemeinsame Wohnung und lässt Anna allein zurück. Dann ist sie überzeugt, dass Lisa dieses Mal nicht wiederkommen wird, und muss weinen. Dass sie bisher immer zurückgekommen ist, ist irrelevant für Annas Angst. Die Angst ist jetzt, bei diesem neuen Streit, präsent, und deshalb ist es egal, was die letzten Male gewesen war. Wenn sie jetzt Angst hat, verlassen zu werden, dann ist sie sich in dieser Situation völlig sicher, dass genau das passieren wird. Diesen Vorgang nennt man *emotionale Beweisführung*. Anna hat ein Gefühl, und die bloße Anwesenheit ihres Gefühls reicht für sie als vermeintlicher Fakt, dass ihre Befürchtung sich bewahrheiten werde. Sie werde eintreffen, weil die Angst signalisiert, dass es um etwas Wichtiges geht, nämlich um ihre Partnerin Lisa, und dass etwas in Gefahr ist, nämlich die gemeinsame Beziehung.

GEFÜHLE SIND KEINE FAKTEN

Dass es um etwas Wichtiges geht, ist korrekt, aber dass Gefühle Fakten sind, stimmt so leider nicht. Wir haben Gefühle, aber nicht immer sind diese in der spezifischen Situation angebracht oder korrekt. Anna zeigt deutlich auf, dass ihre Angst ein Produkt ihrer Befürchtung »sie wird mich dieses Mal verlassen« ist. Für diese Befürchtung haben wir jedoch keinerlei Anhaltspunkte. Im Gegenteil, wenn wir Lisa fragen, dann sagt sie, dass sie Anna nicht verlassen möchte, sondern dass jedes Paar sich mal streitet. Sie verlässt die Wohnung aus einer – in ihren Augen – guten Absicht heraus: Sie will erst mal runterkommen und dann in Ruhe über den Konflikt sprechen, um eine Lösung zu erarbeiten. Anna weiß das aber nicht. Anna weiß nur, dass Lisa geht. Und ihr Gehirn spielt das für sie typische Katastrophenszenario ab: »Paare haben sich nicht zu streiten. Lisa und ich sind ein Paar. Ich darf mich nicht mit Lisa streiten. Wenn ich mich mit Lisa streite, dann breche ich eine allgemein gültige Regel. Wenn ich aber streite, wenn ich mich also ungemütlich zeige, dann werde ich nicht gemocht. Menschen, die nicht gemocht werden, werden verlassen. Ich werde verlassen werden, weil ich mich gestritten habe. Ich werde meinetwegen verlassen. Ich bin der Grund.«

Hier könnte man aufhören und denken: »Ah, o.k., dann ist das jetzt besprochen, und alles ist gut«, aber so einfach ist es nicht. In ähnlichen Situationen wird Annas Angst sehr wahrscheinlich wieder schreien. Sie wird wieder denken, dass sie verlassen wird, obwohl Lisa das nicht vorhat. Hier ist es wichtig, sich das *Warum* anzuschauen. Anna hat von ihren Eltern zwei wichtige Dinge *nicht* mit auf den Weg gegeben bekommen: erstens, dass sich Paare streiten, und zweitens, wie man das eigentlich tut.

Viele Menschen hatten zum Glück eine schöne Kindheit mit guten Erinnerungen und haben von ihren Eltern alles mitgegeben bekommen, was sie brauchen. Sie sind sicher gebunden, erkennen ihre Bedürfnisse und können diese äußern. Und dennoch geraten alle Paare hin und wieder in Streit. Das gehört zu einer Beziehung einfach dazu und betrifft alle von uns! Es ist aber natürlich auch einer der unschönen Aspekte in einer Beziehung. Zumindest für mich. Ich gebe zu, statt meine Energie in Diskussionen und Auseinandersetzungen zu stecken, würde ich lieber etwas Schönes unternehmen.

Dennoch ist es unabdingbar, dass Paare verschiedener Meinung sind, miteinander diskutieren und sich gegebenenfalls streiten. Wir sind Individuen, wir haben unterschiedliche Weltbilder und Vorstellungen. Wir haben auch mal gegensätzliche Ansichten. Ich würde eher hellhörig und skeptisch werden, wenn ein Paar seit Jahren in einer Beziehung ist und noch nie unterschiedlicher Meinung war oder sich über irgendetwas gestritten hat. Dabei bedeutet Streit aber nicht, dass man sich bewusst verletzt, sei es emotional oder körperlich. Lasst uns hier Klartext sprechen: Absichtliche Verletzungen sind inakzeptabel. Erpressung ebenso. Streit bedeutet nicht, Krieg zu führen oder unter die Gürtellinie zu gehen.

Sich streiten bedeutet, emotionale, vielleicht auch hitzige Diskussionen zu führen. Wenn wir aber in dieser Beziehung bleiben und sie fortführen wollen, dann bedeutet streiten auch, dass wir auf einen Kompromiss hinarbeiten, nachdem wir unserem Ärger Luft gemacht haben. In Annas Welt darf das alles nicht stattfinden, das hat sie von ihren Eltern gelernt. Paare dürfen nicht Individuen sein, sondern sollen zu einer Einheit verschmelzen, die immer einer Meinung sein muss. Und sollte es doch Konflikte geben, dann dürfen andere das auf gar keinen Fall mitbekommen. Während man als Paar keine individuellen Grenzen haben darf, muss man sich von Dritten gemeinsam stark abgrenzen. Auch Anna war so eine Dritte und durfte davon nichts merken. Sie hat nicht vorgelebt bekommen, wie man einen Streit konstruktiv löst. Und dass Streit nicht das Ende der Welt bedeutet. Anna durfte nicht von ihren Eltern lernen. Ihre Vorbilder haben ihr nicht die Strategien in den Rucksack gepackt, die sie für das Leben mit Lisa gebraucht hätte.

Als ich die beiden frage, was sie bräuchten, um konstruktiver mit Streit umgehen zu können, reagieren beide gar nicht so untypisch: Sie schauen mich an und sagen, dass ich ihnen die Antwort geben soll. Das kann ich aber nicht, denn es ist nicht meine Beziehung. Meine Lösungsstrategien können nur in meinem Leben wirksam sein, weil sie auf meinen persönlichen Erfahrungen und meiner Biografie beruhen. Da Anna und Lisa andere Biografien haben und ein anderes Leben führen, brauchen wir Strategien, die spezifisch für die beiden angepasst sind. »Aber wir können gerne gemeinsam brainstormen und schauen, ob eine Idee passender als eine andere erscheint«, biete ich an.

Sie einigen sich darauf, einen Versuch zu starten. Sie werden in Streitsituationen ihre Handlungen kommentieren und erklären. Lisa will künftig aussprechen, dass sie das Haus verlassen wird, um nicht wütend zu werden und etwas zu sagen, das Anna verletzt. Anna wird Lisa daraufhin bitten, nicht zu gehen. Vielleicht reichen getrennte Räume. Und beide einigen sich darauf, dass sie sich gegenseitig ihre Befürchtungen offenbaren werden, die sie zu diesen Verhaltensweisen führen.

In einer Beziehung kennen wir die andere Person gut – auch ihre wunden Punkte. Manchmal drücken wir den Finger genau auf diese. Das kann unabsichtlich passieren oder aber auch absichtlich: Weil uns wehgetan wurde, wollen wir dem Gegenüber auch wehtun. Manchmal streiten Menschen emotional, weil sie verletzt sind. Dann rückt die Ratio in den Hintergrund. Es fällt schwerer, die Sätze des Gegenübers auf unterschiedliche Art und Weise zu interpretieren. Wir hören sie, aber verstehen sie als Angriff. Deshalb schießen wir zurück. Denken wir an das vorherige Kapitel und die vier Seiten einer Nachricht: Wie meinte unser Gegenüber das? Wie meinen wir, was wir sagen? Drücken wir uns möglichst unmissverständlich aus? Die Beantwortung dieser Fragen und die Verarbeitung der empfangenen Nachricht brauchen Zeit, Logik und emotionale Distanz. Drei Dinge, wovon wir beim Streiten eher wenig haben. Stattdessen interpretieren wir das, was gesagt wird, auf die für uns emotional schlimmste Art und Weise. Und gehen in den Verteidigungsmodus.

WIE DU MIR, SO ICH DIR!

In der verhaltenstherapeutischen Paartherapie kennen wir das als so genannten *Zwangsprozess*. Der ist nicht nur auf Streitsituationen beschränkt, sondern kann auch im Alltag auftreten. Positive Verstärkungen wie Lob oder Komplimente geben wir Menschen nicht direkt zurück. Wir sagen oft »Danke« oder spielen die Wertschätzung ein bisschen herunter. So wurde es uns beigebracht. Wir sind vielleicht sogar dahingehend erzogen worden, dass wir misstrauisch werden, wenn wir jemandem ein Kompliment machen und direkt eines zurückbekommen. »Das sagt er/sie jetzt nur aus Anstand«, wäre so ein skeptischer Gedanke.

Ganz anders sieht es mit negativen Kommentaren aus, also mit Vorwürfen, Sticheleien, Kritik. Hier schießen wir direkt zurück: »Du hast mir nicht die Wahrheit gesagt!« – »Aber du hast ja damals, vor etlichen Jahren, auch nicht …«, ist eine typische Situation. Für mich ist es immer wieder spannend, in meinem Sessel zu sitzen und Paare in meiner Praxis zu beobachten. Ich habe bis heute kein einziges erlebt, das nicht in die Falle des Zwangsprozesses getappt wäre. Bei Komplimenten sehe ich eher verlegene Menschen, denen es fast schon unangenehm ist, positive Rückmeldung zu bekommen, und die verstohlen auf den Boden schauen. Wenn aber ein Vorwurf kommt, dann wird die Festplatte geöffnet, und im Bruchteil von Sekunden werden all die Erlebnisse und Erinnerungen rausgeholt, in denen sich die andere Person auch danebenbenommen hat. Eher öfter als seltener werden ihr diese dann vorwurfsvoll an den Kopf geworfen: »*Immer* machst du …«, »*Nie* hast du …« und Ähnliches. Während andere Aspekte im Streit nicht wahrgenommen oder gar ignoriert werden, fallen diese Verallgemeinerungen, wie *immer* und *nie* aber sofort auf. Jetzt mal ganz ehrlich: Hast du nicht auch schon im Streit gesagt, dass dein Gegenüber ständig oder kein einziges Mal etwas machen würde? Und auch jetzt, mit Abstand zum Konflikt, frage ich: Ist das wirklich so? War es wirklich immer oder nie? Sehr, sehr oft gibt es nämlich Ausnahmen. Irgendwann hat sich die andere Person vermutlich schon anders verhalten. Darauf fokussiert sie sich dann und findet Beispiele. Das führt meistens dazu, dass du wiederum Gegenbeispiele suchst, wo er oder sie genauso reagiert hat, wie du es beschrieben hattest. Und schon seid ihr immer tiefer im Vorwürfemachen. Ihr beschießt euch gegenseitig, die Situation verfestigt sich, bis irgendjemand entnervt aufgibt. Ich glaube, hier wird gut deutlich, dass wir »immer« und »nie« möglichst nicht verwenden sollten in Streitsituationen. Das Einzige, was dir diese Wörter bringen, ist, dein Gegenüber auf die Palme zu bringen. Hilfreicher ist es, deine Wahrnehmung mitzuteilen: »Ich habe den Eindruck, dass …«, »Bei mir entsteht dann ein Gefühl von …« oder »Ich bin traurig verletzt/fühle mich nicht respektiert, weil …«.

ICH HABE EIN GEFÜHL, BIN ES ABER NICHT

Streit mit Kritik, Entwertung und Vorwürfen können wir uns vorstellen wie Mikrorisse in unserem Herzen. Es sind Miniwunden, die einzeln für sich genommen vielleicht gar nicht so sehr auffallen würden, aber in Summe doch schmerzhaft sind. Hin und wieder beschwört ein Konflikt, je nach Thema, Ängste in uns auf. Vielleicht werden wir so kritisiert wie früher, oder wir haben Angst, wegen diesem Streit verlassen zu werden, weil es früher genau so passiert ist. Und dann wenden wir eine sehr menschliche Strategie an: Angriff ist die beste Verteidigung. Meine schlechte Nachricht an dich ist, dass diese sehr menschliche Reaktion langfristig keine funktionale Strategie ist. Sie funktioniert kurzfristig und hilft uns genau in dem einen Moment, uns zu schützen – aber langfristig führt sie zu Unzufriedenheit. Psychologische Forschung zeigt, dass zufriedene Paare sich von unzufriedenen nicht darin unterscheiden, dass oder worüber sie sich streiten, sondern *wie* sie das tun und ob sie ihre Konflikte tatsächlich lösen. Alle Paare haben Auseinandersetzungen, aber nicht alle auf die gleiche Art und Weise. Manche streiten sich produktiver. Kennzeichen der Konflikte unzufriedener Paare sind Negativität, also Kritik, Abwertung und Ablehnung. Außerdem gibt es wenig Positivität im Alltag, also kaum Komplimente, wenig Lob und Freundlichkeit. Zusätzlich eskalieren ihre Konflikte häufig. Bei zufriedenen Paaren sieht es anders aus. Im Alltag gibt es öfter Wertschätzung und Anerkennung, während sie im Streit nicht unter die Gürtellinie gehen oder persönlich werden. Und sie schaffen es, sich nicht von ihren unangenehmen Gefühlen regieren zu lassen. Sie behalten die Zügel in der Hand, erkennen an, dass sie wütend oder verletzt sind, suchen aber nach einer Lösung. Diese muss sich nicht auf das Streitthema beziehen. Manchmal reicht es schon, zu akzeptieren, dass man unterschiedlicher Meinung ist. Die zentrale Frage ist dann eher, wie man in der Zukunft mit diesem Thema umgeht, ohne sich gegenseitig zu verletzen oder wieder im Streit zu landen.

Nach einer vierwöchigen Pause sehen wir uns wieder. Anna und Lisa haben in der Zwischenzeit ein »sehr unangenehmes Gespräch geführt«, wie sie es beschreiben. Sie haben sich einen kompletten Abend Zeit füreinander genommen und nacheinander berichtet, was ihre Befürchtungen sind und welchen Umgang sie sich von der jeweils anderen Person wünschen. Bei der nächsten Diskussion haben sie sich an die Abmachung gehalten und ihre Verhaltensimpulse kommentiert. Lisa hat wieder die Wohnung verlassen, es aber dieses Mal angekündigt und versichert, dass sie Anna nicht verlassen und in 15 Minuten zurückkommen wird. Dieses Mal war Annas Angst nicht so laut, sagt sie selbst. Ja, es war Angst vorhanden, aber aushaltbar, und sie musste nicht weinen. Sie hat darauf vertraut, dass Lisa ihr die Wahrheit sagt und zurückkommen wird.

Anna hat außerdem eine Liste erstellt und mir gezeigt. Sie hat alle Punkte aufgelistet, die sie selbst, aber auch ihre Beziehung von ihren Eltern und deren Ehe unterscheidet. »Diese Idee kam mir, um mir selbst zu verdeutlichen, dass die Regeln meiner Eltern für ihre Ehe und ihren Haushalt gelten, aber nicht für meine Beziehung und meinen Haushalt. Für mich gilt, was Lisa und ich vereinbaren!«

In solchen Momenten bemerke ich, dass ich stolz bin auf Menschen wie Anna. Nicht, dass wir uns falsch verstehen: Ich bin nicht stolz, weil *ich* irgendwas gemacht hätte. Im Gegenteil. Ich bin stolz, weil Anna etwas nicht konnte, als sie Hilfe gesucht hatte, es aber jetzt kann. Sie war der Meinung, dass Beziehungen so laufen müssten wie die Ehe ihrer Eltern. Daran hat sie ihr Miteinander mit anderen Menschen gemessen. Bis es nicht mehr funktionierte beziehungsweise nicht mehr hilfreich war. Irgendwann hat diese übernommene Einstellung ihre Beziehung bedroht. Und Anna hat sich getraut und sich geöffnet. Sie musste aushalten, dass Lisa und ich sie möglicherweise abwerten würden – doch das Gegenteil ist geschehen. Lisa konnte Annas Verhalten verstehen. Daraufhin hat Anna bemerkt, dass ihre Ängste, die sie seit Jahren in sich trägt, nicht wahr geworden sind. Wenn also ihre Befürchtungen, die jahrzehntelang so laut in ihr rumort und gearbeitet haben, gar nicht wahr sind – welche anderen Einstellungen sind denn dann auch unwahr, hat sie sich gefragt. Sie hat sich mit Lisa, aber auch mit Freund:innen unterhalten. Sie hat gefragt, ob es Dinge gibt, die sie anders machen, als sie es von den Eltern vorgelebt bekommen haben. Und da das Menschen sind, die ihr viel bedeuten, gibt sie auch viel auf deren Meinung. Anna könnte falschliegen, aber diese ihr wichtigen Menschen eher nicht. Die werden es schon richtig machen. Sie hat erkannt, dass nahezu alle in ihrem Umfeld zwar manches von den Eltern übernommen, anderes aber abgelehnt haben und auch ihre Beziehungen anders führen. Das hat dazu geführt, dass Anna ihre Überzeugung hinterfragt hat: Muss sie wirklich so eine Beziehung führen wie ihre Eltern? Ihre Antwort war eindeutig. Ihre Eltern sind andere Menschen als Anna. In diesem speziellen Fall war es so, dass Anna gesagt hat: »Mein Vater ist ein Cis-Mann, meine Eltern sind heterosexuell – ich bin aber eine lesbische Cis-Frau«, und zur Erkenntnis kam, dass in ihrer Welt, in ihrer Beziehung gar nicht die gleichen Regeln gelten können wie für ihre Eltern, die in einer anderen Zeit, mit anderen Eltern, in einem anderem Umfeld, mit anderen Lebensthemen aufgewachsen sind. Anna ist nicht in einer Liebesbeziehung mit ihren Eltern, sondern mit Lisa – deshalb können für Anna nicht die Regeln ihrer Eltern angewandt werden, sondern nur die, die sie und Lisa miteinander beschließen. Und das macht mich stolz. Anna hat erkannt, ausgesprochen und verändert, was sie stört. Sie hat an sich gearbeitet und sich weiterentwickelt.

BEZIEHUNGSBLATT 4: UNSERE TYPISCHEN STREITTHEMEN

In Beziehungen gibt es oft Streitthemen, die immer wiederkehren. Oder Streitereien haben unterschiedliche Auslöser, aber hinter den Kulissen geht es um ein ähnliches Thema. Was sind eure typischen Streitthemen?

Ein typisches Streitthema ist bei uns ...., weil

....

Dahinter steckt bei mir ....

....

....

....

....

....

Deshalb werde ich bzw. fühle ich mich traurig/wütend/verletzt/nicht respektiert/nicht auf Augenhöhe.

DIE HAUT –
ICH WILL DICH
SPÜREN!

ES IST MITTWOCH, 17 UHR. Seit ein paar Wochen endet dieser Arbeitstag mit einer Doppelsitzung, also 100 Minuten, Paartherapie mit Miriam und Tom. Auf dem Papier haben sie ein vermeintlich perfektes Leben: Beide haben BWL studiert und gut bezahlte Jobs, sind Mitte und Ende 30, wohnen in einer Eigentumswohnung in Berlin, treffen sich regelmäßig mit ihren Freund:innen, machen regelmäßig Urlaub, ernähren sich ausgewogen, treiben Sport. Sie sind gesunde, attraktive, sympathische Menschen. Warum sollte so ein Paar Therapie brauchen? Die Rechnung geht aber eben nur auf dem Papier auf.

Miriam überzeugte Tom, in eine Paartherapie zu gehen. Denn Tom hat seit drei Jahren eine Erektionsstörung. Zum Erstgespräch erscheint nur Tom, weil, so meint er, er das Problem habe. Erst möchte er allein davon berichten. Ab der zweiten Sitzung kommen die beiden gemeinsam. Tom erzählt, dass sie »ab und an streiten« würden. Aber die Erektionsstörung störe ihn am meisten, denn wenn er nicht penetrieren könne, dann habe er das Gefühl, »nicht mehr zu funktionieren«.

Da ist sie, die typische Formulierung der meisten Männer mit Erektionsproblemen. Sie *funktionieren* nicht mehr. Tom funktioniert nicht mehr, wie er sollte. Tom hat ein Defizit – zumindest nach seinem Weltbild. Als Folge befürchtet er, dass Miriam ihn verlässt, wenn er nicht bald eine Erektion hat und ihr einen Orgasmus verschaffen kann, sagt er.

Ich habe direkt mehrere Fragezeichen im Kopf:

- Warum muss er Miriam »einen Orgasmus verschaffen«?
- Seit wann müssen Menschen funktionieren? Sind wir Maschinen?
- Wenn Sex Penetration bedeutet, warum heißt es dann Oralsex?

GLAUBEN HEISST NICHT WISSEN

All das sind sexuelle Mythen, also Annahmen, die Menschen über Sex haben, weil sie sie irgendwo gelesen beziehungsweise aufgeschnappt haben. Diese Annahmen werden aber selten kritisch hinterfragt, sondern für bare Münze genommen. Auch Toms Denken und Handeln wird davon beeinflusst, er hat die Mythen internalisiert. Ich muss in solchen Momenten immer an ein Meme aus dem Internet denken:

> Man sollte nicht alles glauben, was man im Internet liest.
> LEONARDO DA VINCI.

In diesem Meme wird auf grandiose Art und Weise dargestellt, was wir in einer Psychotherapie machen: kritisches Hinterfragen von Informationen und ihrer Herkunft. Übertragen auf uns Menschen bedeutet das, sich zu fragen: Stimmt das wirklich? Aus welcher Quelle stammt diese Info (Eltern? Freundeskreis? Internet? Hörensagen?)? Und auch die Gefühle, Gedanken und Verhaltensweisen wahrzunehmen, die aus der Internalisierung resultieren. Aus diesem Grund denken manche Menschen, die zum ersten Mal eine Psychotherapie aufsuchen, dass ich ihre Gedanken ändern würde. So funktioniert das aber auf keinen Fall; ich kann – mit vorheriger Erlaubnis – zusammen mit meinen Patient:innen ihre Einstellungen und Gedanken kritisch infrage stellen. Daraus folgt aber nicht zwangsläufig eine Veränderung, manchmal ist das Ergebnis auch eine Verfestigung der Sichtweise, weil sie sinnvoll ist. In beiden Fällen konnten wir aber feststellen, warum mein Gegenüber so tickt wie er oder sie nun mal tickt. Dasselbe gilt auch in einer Paartherapie: Wenn, wie in Toms Fall, bestimmte Vorstellungen dominieren, hinterfragen wir diese. Vielleicht möchte man manche Annahmen über Sex dennoch beibehalten oder merkt bei anderen Mythen, dass sie überhaupt nicht zur Partnerschaft passen. All das finden wir aber nur heraus, wenn darüber gesprochen wird.

Typische sexuelle Mythen, die mir immer wieder begegnen, sind: (1) Sex ist Penetration, (2) Sex muss mit dem Orgasmus enden, (3) Sex muss aus einer spontanen Lust heraus geschehen, und (4) in lesbischen Beziehungen kommt es früher oder später dazu, dass kein Sex mehr stattfindet. Es fehlt ja der Mann, der den Sex initiiert, weil er mehr Lust hat!

Mythos 1: Sex ist Penetration!

Wenn nur Penetration, also Vaginal- oder Analverkehr, Sex ist – warum nennen wir es dann Oralsex? Das ist natürlich auch Sex! Und dazu gehören auch Kuscheln, Knutschen, Fingern und alle möglichen Praktiken. Das alles zusammen kann Sex sein. Es ist situativ abhängig – manchmal ist so etwas wie Küssen nicht sexuell (zum Beispiel als Abschiedskuss), in anderen Momenten ist es das aber sehr wohl. Und Selbstbefriedigung ist auch Sex, nämlich Sex mit einer Person, die man hoffentlich sehr gernhat: mit sich selbst!

Mythos 2: Sex muss mit dem Orgasmus enden!

Sex muss nicht mit dem Orgasmus enden. Einerseits kann Sex auch nach dem Orgasmus weitergehen, und andererseits kann man ihn auch ohne Orgasmus haben. Natürlich ist das in der Regel etwas sehr Schönes, und wir streben ihn an. Aber er muss nicht zwingend jedes Mal vorkommen. Eine verkrampfte Jagd nach ihm kann sogar kontraproduktiv sein und ihn erst recht nicht ermöglichen. Manchmal liegt es auch an äußeren Einflüssen: Typischerweise haben viele Menschen Probleme, einen Höhepunkt zu erreichen, wenn sie eine gewisse Menge Alkohol getrunken haben.

Wenn jemand aber niemals einen Orgasmus erreicht oder noch nie einen hatte, dann kann es sich lohnen, miteinander darüber zu sprechen, etwas an den gemeinsamen Praktiken zu verändern oder auch eine Psychotherapie aufzusuchen.

Mythos 3: Sex muss aus einer spontanen Lust heraus geschehen!

Ich weiß ehrlich gesagt nicht, ob Sex überhaupt jemals aus einer spontanen Lust heraus geschieht. Wann hast du in der Regel Sex? Wenn du in drei Minuten aus dem Haus musst, um pünktlich in der Arbeit zu sein? Vier Minuten, bevor ihr auf einer Hochzeit erscheinen sollt? Zwei Minuten bevor das Kind aus der Kita abgeholt werden muss? Wenn du im Supermarkt an der Kasse stehst und plötzliche Lust verspürst?

Oder habt ihr Sex, wenn ihr zu Hause seid? Wenn ihr wisst, dass ihr noch genug Schlaf abbekommt? Dass ihr keine Termine habt, die ihr wahrnehmen müsst? Wenn ihr wisst, dass ihr Zeit für einen Quickie oder ausgiebigen Sex habt?

Wir wägen diese Dinge im Kopf ab – sie geschehen oft aber so schnell, dass wir uns nicht bewusst machen, dass wir eine Entscheidung getroffen haben. Die meisten Paare haben am Wochenende Sex, weil sie wissen, dass sie dann mehr Zeit füreinander haben. Wir planen meistens vielleicht nicht mit Kalender und Uhrzeit, wann wir Sex haben, aber wir planen. Und dagegen spricht absolut gar nichts.

Mythos 4: In lesbischen Beziehungen kommt es früher oder später dazu, dass kein Sex mehr stattfindet. Es fehlt ja der Mann, der den Sex initiiert, weil er mehr Lust hat!

Dieser Mythos ist auch bekannt als *lesbian bed death*, lesbischer Bett-Tod. Da Frauen angeblich weniger Lust hätten als Männer müsse es unweigerlich irgendwann dazu kommen, dass kein Sex mehr stattfinde, wenn Frauen miteinander eine Beziehung führen.

Dem ist nicht so. Befragungen zeigen, dass im Durchschnitt lesbische Frauen in Beziehungen etwas weniger häufig Sex haben als Paare in heterosexuellen Beziehungen – aber dafür wird er qualitativ besser bewertet. Sie haben also im Vergleich zu Heteros vielleicht ein bisschen weniger Sex, aber dafür scheint dieser um einiges besser zu sein.[19]

SEX IST FUNKTIONAL

Sex hat drei Funktionen: Fortpflanzung, Lust und die Erfüllung psychosozialer Bedürfnisse.

Die Fortpflanzung ist evolutionär gesehen die älteste – jedoch ab einem bestimmten Alter gar nicht mehr möglich. Und dennoch haben wir auch im hohen Erwachsenenalter Sex. Zudem ist bei uns Menschen durch Verhütungsmaßnahmen Sex möglich, ohne Nachkommen zu zeugen. Andersherum können wir aber auch dank der Reproduktionsmedizin Kinder bekommen, ohne Sex zu haben. Dennoch ist diese Funktion bei heterosexuellen Paaren im gebärfähigen Alten zu berücksichtigen: Wollen wir verhüten? Und wenn ja, wie? Verhütungsmittel wie die Antibabypille greifen in den Hormonhaushalt ein, und nicht alle wollen das erleben. Die Forschung zeigt, dass die Pille sogar die Attraktivitätswahrnehmung beeinflussen kann.[20] Zugleich kann sichere und selbstbestimmte Verhütung zu einem entspannten Sexualleben beitragen. Obwohl Fortpflanzung wichtig in der Evolution war und ist, rennt natürlich kein Tier durch den Wald und denkt sich: »Es wird Zeit, ich will meine Gene weitergeben!«. Hierfür hat sich die Natur die Lust ausgedacht.

Mit Lust ist das gemeint, was in uns bei sexueller Erregung und dem Höhepunkt passiert: Es ist die reinste Party im Gehirn! Es werden Hormone und Neurotransmitter ausgeschüttet, und wir werden belohnt mit einem Orgasmus, der maximalen Ausschüttung dieser Botenstoffe. Es fühlt sich (in der Regel) super an, einen Höhepunkt zu erleben. Und diesem Zustand jagen wir quasi nach. Dass dabei Kinder entstehen (können), ist ein Nebeneffekt davon. Und genau diesen »Nebeneffekt« wünscht sich die Natur.

Die dritte Funktion von Sex ist die Erfüllung von psychosozialen Bedürfnissen. Sex ist nicht nur Körperlichkeit und Höhepunkt, Sex hat auch emotionale Aspekte. Es geht hierbei um Akzeptanz, Nähe, Geborgenheit, Intimität, aber auch Selbstwert. Wenn wir mit einer anderen Person Sex haben, dann ziehen wir uns buchstäblich aus. Wir machen uns nackt. Und wir hoffen, dass das Gegenüber unseren Körper, und somit uns selbst, so akzeptiert, wie wir sind. Es würde uns verletzen, wenn wir uns ausziehen, und die Person bräche in schallendes Gelächter aus und verließe die Wohnung. Und das Gleiche gilt auch für unsere sexuellen Fantasien und Vorlieben: Wenn wir über diese sprechen, uns öffnen und sie zugeben, dann machen wir uns quasi auch nackt. Wir geben unser Innerstes preis. Und auch hier hoffen wir, dass unser Gegenüber nicht schreit: »Du perverses Schwein!«, und wegrennt, sondern dass wir akzeptiert werden. Wir möchten respektiert werden mit all unseren Facetten. Und wenn dies geschieht, wenn uns jemand annimmt, so wie wir sind, und mit uns Sex hat, dann steigert das unseren Selbstwert. Wir Menschen tendieren zu Rückschlüssen: »Ich finde die Person attraktiv. Ich will Sex mit ihr. Sie auch mit mir. Wenn so eine attraktive Person mit mir Sex will, dann kann ich ja gar nicht so scheiße sein. Ganz im Gegenteil, vermutlich bin ich auch attraktiv!«

Und woran erkennen wir, dass jemand mit uns Sex haben will? Ganz oft geschieht das über körpersprachliche, nonverbale Signale. Die Person knutscht mit uns, streichelt uns, beginnt, uns die Hose aufzuknöpfen. Und wenn sie das – wie wir gesehen haben – nicht nur aus Lust, sondern auch aus psychosozialen Bedürfnissen heraus macht, dann ist Sex ein Ausdruck von Zuneigung durch Körpersprache. Ohne zu sprechen, wird uns gezeigt, dass wir gemocht, akzeptiert und für gut befunden werden.

Die psychosozialen Bedürfnisse spielen bei jeder sexuellen Begegnung eine Rolle – auch wenn manche Menschen diesen Aspekt noch nie berücksichtigt haben oder davon ausgehen, dass er in manchen Situationen keine Rolle spiele. Wenn wir One-Night-Stands haben, dann sind diese Bedürfnisse genauso maßgebend wie die Lust. Wir hören immer wieder, dass Menschen sagen: »Ich hatte Lust, ich war erregt und hatte deshalb einen One-Night-Stand. Es ging nur darum. Ich hatte einfach Bock auf Sex.« – Ist das denn so? Oder ging es vielleicht auch um Hautkontakt? Darum, Liebkosungen und Streicheleinheiten zu erleben? Sich für ein paar Minuten dem Gedanken hinzugeben, dass man begehrt wird?

In Liebesbeziehungen wirken manchmal ähnliche Mechanismen. Nicht wenige Menschen berichten, dass sie auch schon sexuelle Aktivität aus einer zunächst rein emotionalen Verbundenheit heraus eingegangen sind. Damit meinen sie nicht, dass sie sich unter Druck gesetzt gefühlt hätten. Wenn ich nachfrage, ist die Antwort häufig, dass sie den intimen Körperkontakt im ersten Moment deshalb eingegangen sind, um sich der anderen Person nah zu fühlen, nicht um einen Orgasmus zu bekommen. Die emotionale Verbundenheit, ausgedrückt durch körperliche Nähe, küssen und gegenseitiges Streicheln, war der Beginn der sexuellen Aktivität. In einem zweiten Schritt, zeitlich darauffolgend, kam die Lust hinzu. Oft gehen beide Aspekte Hand in Hand: Sexuelle Handlungen führen idealerweise zu positiven sexuellen Erfahrungen und dadurch zu einer tieferen emotionalen Verbundenheit. Und umgekehrt kann diese – körperlich ausgedrückt durch Küssen und Streicheln – wiederum zur sexuellen Lust führen.

Dieser Zusammenhang wurde wissenschaftlich sehr schön im sexuellen Reaktionszyklus beschrieben (siehe Abbildung 2).

Wir verspüren zu einer anderen Person eine gewisse emotionale Nähe, sind in diesem Moment aber noch sexuell neutral. Nun kann es passieren, dass wir sexuelle Reize wahrnehmen, und unsere Erregung meldet sich. Was wir als solchen Reiz interpretieren, ist subjektiv, es ist abhängig davon, was wir als erregend wahrnehmen. Für manche kann das Körperbehaarung sein, für andere der Geruch, für manche ist es die Körbchengröße und für wieder andere sind es bestimmte Materialien, Kleidung oder Schuhwerk. Wir verarbeiten dann die sexuellen Reize in unserem Gehirn. Eventuell geben wir uns ihnen hin, lenken unsere Aufmerksamkeit darauf und konzentrieren uns auf sie. Wir bilden sexuelle Fantasien aus und stellen uns vor, was wir mit der anderen Person machen möchten oder was sie mit uns machen soll. Unsere Lust steigt, wir verspüren Erregung. Unser Gehirn sendet Signale an bestimmte Regionen im Rückenmark. Das Rückenmark wiederum sendet Signale an unsere Genitalien: Bereitet euch vor! Gleich geht's los! Und dann passiert es wirklich – wir haben Sex. Wenn der Sex eine positive Erfahrung war, wir also körperlich, aber auch psychisch befriedigt wurden, dann fühlen wir uns mit dieser Person noch intimer verbunden als zu Beginn. Der Kreislauf ist geschlossen. Wir sind wieder bei der emotionalen Intimität gelandet.

Dieser Kreislauf wurde ursprünglich als sexueller Reaktionszyklus bei Frauen veröffentlicht.[21] Mittlerweile wird er auch auf Männer angewandt, denn – oh Wunder! – es wurde festgestellt, dass auch Männer Gefühle haben und auch sie emotionale Intimität erleben.

Das Geniale an einem Kreislauf ist übrigens, dass wir an unterschiedlichen Punkten einsteigen können. Wer One-Night-Stands hat, beginnt vielleicht nicht bei emotionaler Intimität, sondern bei

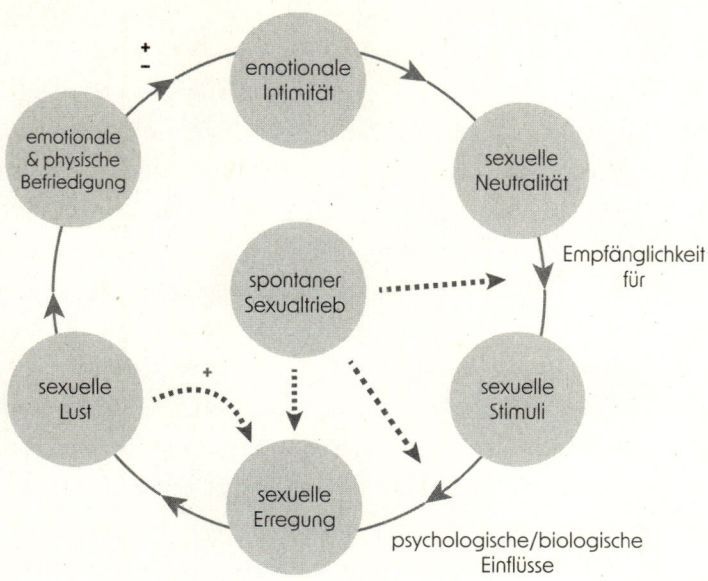

Abb. 2: Der sexuelle Reaktionszyklus nach Basson (2001)

den sexuellen Reizen, die wahrgenommen werden. Man landet aber unwillkürlich irgendwann bei der emotionalen Intimität. Menschen, die keine One-Night-Stands haben wollen – oder können –, beginnen, wie oben beschrieben, bei der emotionalen Intimität und fühlen sich dann vielleicht auch sexuell von jemandem angezogen. Bei einem Kreislauf ist es ebenso möglich, an jedem Punkt auszusteigen. Wenn das wie bei Tom unfreiwillig geschieht, mit einem Problem verknüpft ist und man nicht selbstständig wieder einsteigen kann, dann helfe ich als Psychotherapeut.

FANTASIE VS. VERHALTEN

Egal wie emotional intim verbunden wir uns jemandem fühlen, über die eigenen sexuellen Fantasien oder das sexuelle Verhalten zu sprechen erfordert für viele Menschen Mut. Im Hinterkopf ist die Angst präsent, dass wir abgelehnt werden könnten für das, was wir gut finden, oder für das, was wir beim Sex machen. Was, wenn wir schlecht im Bett sind? Was, wenn uns ein Orgasmus immer vorgetäuscht wurde? Was, wenn wir als »pervers« beschimpft und verlassen werden?

Mutig zu sein bedeutet nicht, dass wir keine Angst mehr haben. Mutig zu sein bedeutet, etwas trotzdem zu machen! Natürlich kostet es im ersten Moment einiges an Überwindung, sich so zu öffnen und über Sex zu sprechen. Unsere Gelüste, unsere Vorlieben und Neigungen thematisieren wir nicht mal eben so im Freundeskreis am Tisch. Viele haben noch nie mit einer anderen Person darüber gesprochen. Ihnen fehlt schlichtweg Übung. Stattdessen wird die Befürchtung in Gedanken immer weiter katastrophisiert. Weil das schlimmstmögliche Szenario ausgemalt wird, vermeiden viele deshalb das Gespräch. Manche Menschen geben sich ein Leben lang mit mittelmäßigem oder unschönem Sex zufrieden, anstatt sich ihrer Angst zu stellen. Das muss aber nicht sein. Du bist genauso viel Wert wie jemand anderes auch – warum sollten dann nicht auch deine Bedürfnisse Raum bekommen und gelten dürfen? Deine Wünsche zu äußern, bedeutet ja erst mal nicht, dass deine sexuellen Fantasien zwingend umgesetzt werden müssen. Aber sie werden anerkannt und respektiert. Denn sie sind erst mal schlicht das, wonach sie benannt sind: Fantasien. Es sind Gedanken, die sich in unseren Köpfen abspielen. Die meisten Menschen haben Fantasien, die sie noch nie umgesetzt haben oder die auch nie umgesetzt werden sollen oder gar können. Viele Menschen stellen sich zum Beispiel Sex ohne Verhütung vor – denn in der

Imagination gibt es keine sexuell übertragbaren Infektionen oder Schwangerschaften. In ihrem sexuellen Verhalten verhüten sie aber. Andere stellen sich Sex mit vielen Menschen gleichzeitig vor – denn in der Fantasie gibt es keine Gesellschaft, die uns dafür abwertet oder beschimpft. Wieder andere stellen sich sehr große Genitalien vor – denn in der Fantasie haben die Genitalien anderer und unsere Körperöffnungen kein Limit. Und das ist alles gut so! Unsere Imagination ist eine Spielwiese, auf der wir uns austoben können, ohne Realkonsequenzen. Und wenn wir uns zu unseren sexuellen Gedankenspielen selbst befriedigen, dann erfahren wir, wo wir wie berührt werden möchten. Das können wir anderen Menschen mitteilen und unser Sexualleben schön gestalten. Wenn wir über unsere Sexfantasien, über all das, was uns erregt, sprechen möchten, dann ist ein ruhiger Moment sinnvoll. Dieses Gespräch kann am Küchentisch stattfinden oder wenn wir nebeneinander im Bett liegen. Und ja, es wird Mut brauchen, denn wir sind in der Regel nicht geübt darin, anderen Menschen von unseren intimsten Vorstellungen zu berichten. Wir sitzen für gewöhnlich nicht in gemeinsamer Runde beisammen und sprechen über unsere Fantasien bei der Selbstbefriedigung. Das ist ein gesellschaftliches Tabu, das es in einer Partnerschaft zu brechen gilt.

Für unsere sexuellen Fantasien gilt, dass sie dazu dienen, mit unserer sexuellen Erregung umzugehen. Sie führen immer wieder zu Orgasmen. Eine positive Konsequenz dank unserer Gedanken. Und wenn wir uns dabei vorstellen, Sex ohne Verhütungsmittel zu haben, dann kann und darf uns das keiner vorwerfen, denn wir haben niemanden in Gefahr gebracht. Es hat ja alles nur in unserem Kopf stattgefunden. Das Verhalten ist aber eine andere Sache.

Idealerweise leben wir in unserem sexuellen Verhalten alles aus, wovon wir fantasieren – solange es legal ist und alle Beteiligten einverstanden sind! In der Realität ist mir aber noch keine Person begegnet, bei der das so wäre. Die meisten Menschen gehen Kompromisse ein – vielleicht törnt uns etwas an, was unser Gegenüber überhaupt nicht ausstehen kann, und deshalb inkludieren wir es nicht in unser Repertoire. Wenn wir mit diesem Kompromiss gut leben können, ist alles super – denn es bedeutet, dass wir darüber gesprochen haben. Ein Kompromiss kann auch bedeuten, dass wir etwas freiwillig machen, weil unser Gegenüber es erregend findet und wir zwar nicht, aber wir finden es auch nicht abstoßend oder es ist kein Lustkiller für uns. Vielleicht ziehen wir bestimmte Kleidung an (oder aus), vielleicht duschen wir vor dem Sex, oder wir haben der anderen Person zuliebe zu einer bestimmten Tageszeit Sex. Auch das ist super, solange wir gut damit leben können. Denn wir haben uns gemeinsam über unsere Vorlieben ausgetauscht.

Schwierig wird es, wenn eine:r von beiden überhaupt nicht über die eigenen Wünsche oder Lustkiller spricht. Wenn wir sexuell kaum oder nichts umsetzen können, was wir als erregend empfinden, dann ist der Sex maximal mittelmäßig. Aber warum sollten wir etwas Mittelmäßiges anstreben? Wir wollen die Party im Gehirn erleben, nicht das Meeting. Die Wahrscheinlichkeit ist hoch, dass wir dem Sex nicht mehr freudig entgegenblicken. Irgendwann werden wir ihn vielleicht sogar vermeiden, schließlich können wir unsere Zeit mit Sinnvollerem als mit durchschnittlichen Dingen verbringen.

HORROR IM KOPFKINO

Wenn Sex keinen hohen Stellenwert einnimmt, dann fällt auch der stärkste körpersprachliche Ausdruck von Zuneigung weg. Das belastet uns oftmals und dadurch auch die Beziehung. Zweifel machen sich breit: Findet er/sie mich überhaupt noch gut? Bin ich noch anziehend und attraktiv für ihn/sie? Früher hatten wir doch auch mehr

Sex, wohin ist die Lust meines Gegenübers auf Sex verschwunden? Vielleicht geht er/sie mir ja sogar fremd?!

Das Kopfkino geht los und zieht uns schlimmstenfalls in einen Sog. Wir denken uns ganze Geschichten aus, die unsere Befürchtungen bestätigen. Und diese fühlen sich so real an, weil unser Gehirn darauf reagiert, als seien sie echt. Die Folge ist Verletzung. Wir werden unsicher. Das ganze Thema ist plötzlich ein Minenfeld, um das wir herumtänzeln. Wir verlernen, uns einander körperlich wieder nahezukommen. Es ist fast wie beim ersten gemeinsamen Sex: Wir sind nervös und aufgeregt. Wir haben Angst, etwas falsch zu machen. Es fühlt sich an, als hätten wir noch nie miteinander geschlafen. Manchmal führt diese Nervosität dazu, dass wir uns nicht mehr fallen lassen können. Wir stellen alles in Frage, konzentrieren uns extrem stark – das ist das, was viele »verkopft« nennen würden. Unglücklicherweise kann das zu sexuellen Funktionsstörungen führen: Vaginismus (ein Vaginalkrampf), Dyspareunie (Schmerzen bei der Penetration), Erektionsstörungen, vorzeitige Ejakulation, verzögerte Ejakulation oder Orgasmusstörungen. Verminderte Lust auf Sexualität oder Verlust von sexuellem Verlangen ist übrigens auch eine Diagnose. Sexuelle Funktionsstörungen können bei Männern und Frauen gleichermaßen auftreten und nicht nur Folge von ausbleibendem Sex, sondern auch die Ursache sein. Nicht selten bricht die betroffene Person die körperliche Intimität ab, um sich nicht mehr der unangenehmen Situation des »nicht Funktionierens«, der Scham oder der Enttäuschung stellen zu müssen. Eine zentrale Rolle spielt die so genannte Erwartungsangst, also die Angst davor, dass etwas beim Sex nicht klappen könnte. Wir setzen uns selbst unter Druck und verursachen dadurch Stress. Stress ist aber Lustkiller Nummer eins! Wir brauchen Entspannung, um sexuell erregt werden zu können beziehungsweise die sexuelle Erregung zu halten. Das gilt im Übrigen auch für Mittelchen wie Viagra® und Co. Typischerweise sind es Männer, die in die Urologie rennen und Tabletten ausprobieren – dabei fällt oft die Info unter den Tisch, dass die meisten dieser Medikamente nur wirken, wenn jemand entspannt ist *und* an etwas Erotisches denkt oder es sieht. Die Wahrnehmung ist in der Regel eher ein »weil ich eine Tablette genommen habe, werde ich wieder eine Erektion bekommen«, und der selbstauferlegte Druck, dass es heute unbedingt wieder klappen müsse, ist weg. Entspannung macht sich breit, und die Erektion kommt wieder.

Erfahrungsgemäß ist die erste Strategie von vielen Frauen, den Sex trotz Problemen über sich ergehen zu lassen. Schmerzen beim Sex? Zähne zusammenbeißen! Verkrampfungen? Trotzdem versuchen! Keine Lust heute? Trotzdem Sex haben, sonst wird man schlimmstenfalls verlassen. Dabei muss das alles nicht sein. Man kann es auch anders versuchen, so wie Miriam und Tom.

Versteh mich bitte nicht falsch, natürlich nimmt bei den meisten Paaren die Häufigkeit von Sex mit den Jahren ab. Wie oft man in einer Langzeitbeziehung noch Sex hat, entscheidet das Paar selbst beziehungsweise diejenige Person, die weniger Lust auf Sex hat. Manche Paare schlafen einmal in der Woche miteinander, andere einmal im Monat. Und solange die Beteiligten damit zufrieden sind, gibt es keine »normale« Häufigkeit, die wir benennen könnten.

Auffällig ist es aber, wenn ein Paar seit mehreren Jahren keinen Sex hat – hier lohnt es sich, hinter die Kulissen zu schauen: Die allererste Frage sollte sein, ob wir unzufrieden damit sind. Falls ja, dann: Warum haben wir keinen Sex? Zeigen wir uns noch andere körperliche Zuneigung beziehungsweise sind wir auf andere Art zärtlich zueinander, oder ist das Körperliche komplett weggefallen? Was hindert uns daran, welche Steine liegen uns im Weg? Noch mal: Niemand sagt, dass man unbedingt wieder Sex haben müsste. Wenn aber jemand unglücklich mit der sexuellen Aktivität in der Partnerschaft ist, dann lohnt es sich, darüber zu sprechen.

In der ersten Sitzung erfahre ich, dass Tom vor ein paar Jahren Schmerzen bei der Erektion hatte. Er hatte es hinausgezögert, zum Urologen zu gehen, bis Miriam ihn überredet hat. Dort wurden beidseitige Leistenbrüche festgestellt und später operiert. Sein Urologe hatte Tom gesagt, dass er nun keine Schmerzen mehr bei der Erektion haben dürfte, aber Tom berichtet mir, dass er vermutet, »eine Barriere im Kopf aufgebaut zu haben«. Er habe die Erektion vermieden, um keine Schmerzen zu haben und jetzt, wo die Schmerzen weg sind, bekomme er die Barriere nicht mehr weg! Und deshalb hat er seit drei Jahren Erektionsprobleme.

Miriam hat ein anderes Bild. Sie gibt zu, seit Längerem zu vermuten, dass Tom eine Affäre hat, weil sie nach zehn Jahren Beziehung nicht mehr attraktiv für ihn ist. Das verletzt sie sehr. Miriam ist sich sicher, dass sie, ihr Körper und ihr Aussehen, das Problem sein müssen. Tom wollte, ebenso wie sie, zu Beginn der Beziehung fast täglich Sex. Wenn es ein paar Tage nicht dazu gekommen war, hatte sich Tom selbst befriedigt, das weiß sie, darüber hatten sie damals noch gesprochen. Aber wo sei Toms Lust mittlerweile hin? Die Zeit mit den Schmerzen wegen der Leistenbrüche kann Miriam verstehen, das ist eine nachvollziehbare Erklärung für sie. Aber diese sollten laut Urologe längst weg sein – doch Tom will weder Sex mit ihr, noch befriedigt er sich selbst. Die einzig logische Folgerung für Miriam ist, dass Tom seine sexuelle Lust woanders auslebt. Denn schließlich würden ja Männer immer mehr Sex wollen als Frauen und kämen mit sexlosen Phasen in der Beziehung nicht so gut klar.

Hier sehen wir: Auch sie glaubt an sexuelle Mythen.

Beide sind erschrocken über die Befürchtungen der jeweils anderen Person. Ich kann sehen, wie ungläubig sie sich anschauen. Miriam fasst es gut zusammen, als sie sagt: »Wir haben uns den Sex genommen, weil wir nicht miteinander gesprochen haben. Stattdessen haben wir lange mit diesen Befürchtungen gelebt.«

Nachdem wir das Problem herausgearbeitet haben, geht es nun darum, einen Lösungsansatz zu finden. Es ist leichter gesagt, als getan, aber in diesem Fall könnte die Lösung sein, dass Tom seinen Kopf ausschaltet – sich nicht in seine Erwartungsängste, ob er heute eine Erektion bekommen wird, hineinsteigert. Und dass er nicht abbricht, wenn es nicht gleich klappt. Es geht darum, dass beide wieder einen leichteren, spielerischen Zugang zu körperlicher Nähe, Intimität und Sex entdecken. Sie sollen wiederfinden, was sie verlernt haben. Hierfür erscheint es sinnvoll, die sexuellen Mythen zu besprechen, an die die beiden glauben. Vielleicht ist Sex mehr als Penetration? Vielleicht ist es nicht das Ende der Welt, wenn die Erektion mal ausbleiben sollte – welche anderen Wege gibt es, gemeinsam körperlich intim zu werden? Wenn Toms Stress hauptsächlich dadurch ausgelöst wird, dass er Angst hat, »wieder keine Erektion zu bekommen«, warum nehmen wir nicht diesen Auslöser weg?

Tom ist irritiert, aber Miriam versteht es sofort. »Ich möchte den Vorschlag machen, dass du mich einen Monat überhaupt nicht penetrieren darfst«, sagt sie. Tom schaut skeptisch. »Ich kann das auch nicht, weil ich keine Erektion habe – deshalb sind wir ja hier«, bemerkt er. Stimmt. Deshalb sind beide hier. Als ich nachfrage, gibt Tom zu, dass er in der Vergangenheit bei jedem Versuch, Geschlechtsverkehr zu haben, fast schon kritisch seinen Penis beobachtet hatte. Er versuchte zu spüren oder zu sehen, ob er wenigstens auch nur ein bisschen eine Erektion bekommen würde. Und war jedes Mal enttäuscht, wenn sein Penis schlaff geblieben ist.

»Und wenn überhaupt keine Option auf Penetration besteht, weil sie das hier vereinbaren und mir versprechen?«, frage ich, und Tom sagt, dass er ja dann gar keine Erektion braucht. Er könnte sich frei machen vom quälenden Fokus auf seinen Penis.

Wir einigen uns auf Waffenstillstand. Tom ist seinem Penis gegenüber nicht mehr so kritisch. Stattdessen sollen Miriam und er gegenseitig ihre Körper erkunden: Wo werden sie gerne berührt? Wie werden sie gerne gestreichelt? Genitalien sind erst mal tabu. Dann sprechen wir darüber, was im Repertoire sein darf und was die beiden nicht aufnehmen wollen. Und Stück für Stück arbeiten wir uns weiter. Ich merke an, dass ein »wir« eine etwas seltsame Aussage in diesem Zusammenhang ist. Ich bin natürlich nicht dabei, wenn Miriam und Tom ihre Körper wiederentdecken. Meine Aufgabe ist es, einen Rahmen zu bieten, in dem beide darüber sprechen können. Die heutige Sitzung beende ich mit einer Aussage in Toms Richtung: »Ein guter Führungsstil basiert nicht auf Angst und Einschüchterung. Wenn ich Ihr Mitarbeiter wäre, und Sie würden mich so behandeln, wie Sie Ihren Penis behandeln – ich würde auch nicht erscheinen, sondern mich krankschreiben lassen.« Der BWLer in Tom versteht mich. »Druck und ständiges Beobachten von oben ist kontraproduktiv«, sagt er und grinst.

Die Diagnose von Toms sexueller Funktionsstörung lautet offiziell *Versagen genitaler Reaktionen*, noch genauer: *erektile Dysfunktion*. Das weibliche Pendant dazu ist die *Lubrikationsstörung*, also dass die Vagina überhaupt nicht feucht oder nicht feucht genug wird. Weitere Diagnosen in diesem Bereich können das Verlangen nach Sex oder den Orgasmus selbst betreffen, Vaginalkrämpfe oder Schmerzen beim Sex sein. Um eine sexuelle Funktionsstörung diagnostizieren zu können, muss das Problem bei etwa 75 Prozent aller Sex-Versuche auftreten und seit mindestens sechs Monaten vorhanden sein. Dieses Zeitkriterium dient dazu, dass nicht vorschnell eine Diagnose vergeben wird – sexuelle Probleme können nämlich auch kurzzeitig als Folge von viel Stress und Belastung, Trauer, Medikamenten oder anderem auftreten. Es besteht auch die Möglichkeit, dass die sexuellen Probleme mit anderen körperlichen Beeinträchtigungen zusammenhängen, zum Beispiel mit Diabetes mellitus oder gar Herzerkrankungen. Daher ist es unerlässlich, dass eine fachärztliche

Untersuchung stattfindet. Wenn diese Untersuchung keinen Befund erbringt, dann kann man auch eine Psychotherapie in Anspruch nehmen. Die Krankenkassen bezahlen das.

Körperlich gesehen entsteht Lust im Gehirn – genauso wie auch die darauf bezogenen Probleme, wenn es keine andere körperliche Ursache gibt. Wenn körperliche Reaktionen nicht mehr so laufen wie früher oder wie es eigentlich biologisch zu erwarten wäre, dann ist eine somatisch-fachärztliche Untersuchung unabdingbar! Wenn bei dieser keine Auffälligkeiten gefunden werden, dann ist die Wahrscheinlichkeit hoch, dass es sich um ein rein psychisches Problem handelt.

Unser Gehirn besteht aus verschiedenen Bereichen. Direkt hinter der Stirn sitzt beispielsweise der präfrontale Kortex (PFC). Dieser ist verantwortlich für kritisches Denken, um Konsequenzen abzuschätzen, für vorausschauendes Denken und Handeln, aber auch für die Bewertung unserer Emotionen. Er regiert zudem über andere Teile des Gehirns – oder anders gesagt: Wenn der PFC spricht, haben die anderen Regionen still zu sein. Er übertönt sie.

Etwa in der Mitte unseres Gehirns sitzt das limbische System. Es umfasst mehrere Bereiche, zum Beispiel den Hippocampus, den Sitz unserer Erinnerungen, aber auch die Amygdalae – kennen wir alles aus dem Gehirn-Kapitel. Die Amygdalae sind jedoch nicht ausschließlich für Furcht und Angst zuständig, nein, sie sorgen auch für lustbetonte Erregung. Damit wir erregt werden können, müssen wir uns aber zunächst entspannen: das limbische System muss aktiviert, der PFC heruntergefahren werden. Das passiert neurobiologisch, wenn Menschen »sich fallen lassen«. Das limbische System kann aber nicht regieren, wenn der PFC schreit, er hat immer die Oberhand. Wenn er aktiv ist, verstummt das limbische System. Solange wir also kritisch denken, kommt es nicht zur Erregung – oder wie Tom es beschreibt, sobald er sich auf seinen Penis konzentriert, sich fragt, ob er denn heute eine Erektion bekommen wird, sich unter Druck setzt und sich Vorwürfe macht, arbeitet sein PFC auf Hochtouren. Sein limbisches System kann nicht aktiv werden, und die Erektion bleibt aus. Das gilt für alle sexuellen Probleme, egal bei welchem Geschlecht.

Wenn aber alles problemlos läuft und das limbische System regiert, wir uns also fallen lassen können, dann sagen und machen wir Dinge, die wir unglaublich erregend finden. Bis wir zum Höhepunkt kommen. Wenn wir den Höhepunkt erreicht haben, wird das limbische System leiser, und der PFC arbeitet wieder stärker. Und nun macht der PFC, was er machen soll: Er bewertet. Deshalb ist es manchen Menschen unangenehm, was sie beim Sex gemacht, gesagt oder verlangt haben, und sie schämen sich im schlimmsten Falle. Oder die Genitalien haben nicht gemacht, was sie angeblich sollten, und Menschen beobachten ihren Körper kritischer. Die Wahrscheinlichkeit ist gegeben, dass sie bei der nächsten sexuellen Begegnung verkopfter sind (PFC bleibt aktiv) und sich selbst beobachten, damit sie bloß das Schamhafte nicht mehr machen, oder ständig überprüfen, ob dieses Mal die Genitalien tun, was sie sollen. Wenn es komplett schiefläuft, landet so jemand in einem Teufelskreis aus kritischem Denken und Selbstbeobachtung. Dadurch kann das limbische System nicht richtig aktiviert werden, und die Symptome treten immer öfter auf, bis sie irgendwann Dauergast sind.

Aus diesem Wissen können wir ableiten, worum es eigentlich geht. Der PFC muss so gut es geht heruntergefahren werden, damit wir uns fallen lassen können. Das ist relativ leicht gesagt. Wenn wir die Situation etwas allgemeiner betrachten, dann ist das Ziel, wieder entspannter beim Sex zu sein. Die eigene Selbstbeobachtung und Kritik weglassen zu können. Das funktioniert am besten, wenn wir uns sicher fühlen. Wenn Sex also momentan ein Minenfeld ist, dann sollten wir dort raus und irgendwohin kommen, wo wir uns einigermaßen geschützt bewegen können. Und das kann man üben. Man kann üben, relativ sichere Erfahrungen zu machen und sich wieder wohler zu fühlen in Sachen Sexualität.

Miriam und Tom haben das gemacht. Was sie zu Hause als Übungen durchgeführt haben, sind Sensualitätsübungen. Diese werden seit den 1970ern eingesetzt, um wieder einen unverkrampften Zugang zu körperlicher Intimität und Sex zu gewinnen. Sie wurden von William Howell Masters und Virginia Johnson regelhaft zur Behandlung eingesetzt. Masters war in den USA Gynäkologe und Virginia Johnson hat Psychologie studiert (aber vermutlich nie abgeschlossen). Sie wurde erst seine Assistentin, später seine Ehefrau. Wir haben beiden viele Daten über das menschliche Sexualverhalten zu verdanken – wenn auch mit aus heutiger Sicht fragwürdigen Methoden gewonnen. Wir wissen dank ihnen, dass Menschen einen Sex-Flush erleben, dass also unser oberer Brustkorb und unsere Wangen bei sexueller Erregung besser durchblutet werden und erröten. Oder dass sich unsere Zehen unwillkürlich krümmen, wenn wir Orgasmen haben. Das haben sie allerdings herausgefunden, indem sie Paare in ihr Labor einluden, um diese beim Sex zu beobachten. Man munkelt sogar, sie hätten sich manchmal im Kleiderschrank eines Hotels versteckt und durch das Schlüsselloch Sexarbeiterinnen beim

Sex beobachtet – aber nur die Sexarbeiterin habe davon gewusst, der Freier jedoch nicht. Aus heutiger Sicht ist das höchst unethisches Verhalten. Angeblich soll Masters bereits während seiner vorhergehenden Ehe eine Affäre mit Johnson initiiert haben, um die optimalsten Methoden zum Erreichen des Höhepunkts am eigenen Leib herauszufinden.

Für ihr sexualtherapeutisches Angebot mussten die Teilnehmer:innen Urlaub nehmen und für eine Woche zu den beiden fahren, damit diese täglich mehrere Stunden oder ganztags ihre Intensivtherapie durchführen konnten. Dabei saßen die hilfesuchenden Paare vor Masters und Johnson als therapeutischem Paar und sollten abends die besagten Sensualitätsübungen durchführen.

Heutzutage handhaben wir das auch anders: Es muss sich niemand mehr eine Woche frei nehmen für eine Intensivtherapie. Es kann auch sein, dass zwischen den Sitzungen mehr als eine Woche liegt, denn für Paarübungen braucht man Zeit. Unser Alltag ist zudem vollgestopft mit Terminen, Verpflichtungen oder Kinderbetreuung. Ebenso wissen wir heute auch, dass kein therapeutisches Paar nötig ist – einerseits ist es ja gerade die Aufgabe von uns Psychotherapeut:innen, dass wir keine Allianz mit einer Person eingehen, und andererseits frage ich mich persönlich immer, wie das mit gleichgeschlechtlichen Paaren gehandhabt wird. Würde dann die zweite Psychotherapeutin oder der Psychotherapeut ausgetauscht und man ruft Kolleg:innen des gleichen Geschlechts an? Gehört habe ich von so einem Szenario zumindest noch nicht.

Bei aller berechtigter Kritik (und es gibt mehr, als ich hier ausgeführt habe), die Sensualitätsübungen haben sich immer wieder als hilfreich erwiesen. Diese Übungen teilen sich in fünf Stufen auf, erst wenn eine durchgeführt wurde und das Paar es angenehm fand, wird zur nächsten Stufe übergegangen. Allgemein wird etwa eine

Stunde zur Durchführung empfohlen. Hierbei gilt es, dass man nicht gestört werden sollte – also Kinder sollten zum Beispiel nicht jeden Moment ins Schlafzimmer reinplatzen können. Diese Übungen könnt ihr auch allein zu Hause ausprobieren, wenn ihr euch wieder Stück für Stück näherkommen wollt. Verabredet euch miteinander an einem bestimmten Tag zu einer bestimmten Uhrzeit und trefft euch im Schlafzimmer. Mobiltelefone auf Flugmodus oder ausschalten, entdecken und entdecken lassen.

In Stufe eins streichelt ihr euch gegenseitig. Gerne darf hier in einer Zweierbeziehung vereinbart werden, dass du und dein:e Partner:in jeweils für 30 Minuten an der Reihe seid. Wichtig ist, dass in dieser Stufe die Genitalien nicht berührt werden dürfen. Es geht darum, dass der restliche Körper gestreichelt wird. Und natürlich darf Rückmeldung gegeben werden, ihr könnt sagen, dass an diesem oder jenem Körperteil die Berührung intensiver sein soll. Und natürlich dürft ihr auch sagen, wenn etwas nicht so gut ist. Ihr habt das Recht auf ein »Nein!«. Bei diesem ersten Schritt geht es darum, euch physisch wieder näherzukommen und entspannt eure Körper wiederzuentdecken.

In Stufe zwei verabredet ihr euch wieder zum Streicheln, und dieses Mal dürft ihr auch eure Genitalien berühren. Aber Achtung, ihr sollt nicht die Genitalien fokussieren. Es kann sein, dass Erregung auftritt, das ist vollkommen in Ordnung, aber es ist keineswegs das Ziel dieser Stufe. Ihr streichelt euch gegenseitig einfach am ganzen Körper. Die Idee dahinter ist, wahrzunehmen, dass an bestimmten Körperstellen Berührungen intensiver gespürt und empfunden werden. Außerdem geht es darum, wieder festzustellen, dass körperliche Intimität auch ohne Penetration und Orgasmus stattfinden kann.

Danach, in Stufe drei, dürft ihr mit eurer Erregung spielen! Jetzt fokussiert ihr euch beim Streicheln auf die Genitalien der anderen Person. Ihr dürft Lust verspüren und herbeiführen, ihr dürft pausieren und andere Körperstellen einbeziehen. Ein Orgasmus ist hier nicht das Ziel. Die Übung darf ohne Orgasmus enden. Durch sie erfährt man aber, was bei der anderen Person Erregung auslöst.

Die nächste Stufe wird manchmal »stille Vagina« genannt, weil bei heterosexuellen Paaren die vaginale Penetration ausprobiert wird, ohne Beckenbewegungen auszuführen. Zuerst streichelt ihr gegenseitig eure Genitalien, so wie ihr es in Stufe 3 geübt habt. Ihr verhelft einander zur Erregung. Dann setzt sich die Frau auf den Penis des Mannes und entscheidet dabei, wie schnell und tief sie ihn in sich aufnimmt. Jetzt bleibt ihr erst mal so, ohne Stoßbewegungen durchzuführen. Fokus ist hier die starke Intimität und Nähe, die durch die Verbindung eurer Genitalien herbeigeführt wird. Es kann sein, dass der Penis hierbei erschlafft, das ist aber kein fail! Wenn ihr euch durch diese Übung nahegekommen seid, dürft ihr miteinander entscheiden, wie es weitergeht: Wollt ihr zum Orgasmus kommen, oder war das angenehm genug? Wenn ihr euch an dieser Stelle (oder in den kommenden Tagen bei der Wiederholung dieser Übung) für den Orgasmus entscheidet, dann ist die Frage, wie ihr ihn erreichen wollt. Befriedigt ihr euch selbst, während ihr nebeneinanderliegt, oder wollt ihr versuchen, durch Vaginalverkehr zum Höhepunkt zu gelangen?

Wenn ihr ein gleichgeschlechtliches Paar seid, dann müsst ihr diese Übung abwandeln – ihr könnt Oralverkehr oder Analverkehr ausprobieren. Manche Paare, egal ob gleich- oder gemischtgeschlechtlich, mögen gar keine genitale Penetration. Das ist genauso okay. Wenn ihr euch für Analverkehr entscheidet, dann denkt bitte an die üblichen Vorbereitungen, die ihr sonst auch getroffen hättet (zum Beispiel Analdusche, aber auf jeden Fall Gleitgel). Bitte bedenkt, dass mit einem halb steifen Penis diese Übung sehr wahrscheinlich nicht gelingen wird, da der Muskeltonus des Afters so stark ist, dass ein nicht vollständig erigierter Penis wieder herausgedrückt wird. Wenn ihr Sexspielzeug verwenden möchtet, dann kann eine Zwischenstufe sinnvoll sein: Lasst euch von euren Partner:innen zeigen, welches Spielzeug in welchem Tempo wo eingeführt werden darf. Und respektiert dann euer Gegenüber: Ein »Stopp« heißt wirklich Stopp, und »Herausziehen« bedeutet, dass ihr langsam, aber stetig das Spielzeug wieder herauszieht.

Stufe fünf ist dann Geschlechtsverkehr in allen möglichen Variationen, so wie ihr in mögt und gerne durchführt.

Für alle Stufen gilt, dass ihr euch im Anschluss Zeit nehmt und über die Übung sprecht. Was hat euch gefallen, was weniger? War etwas neu? Was darf euer Gegenüber nächstes Mal gerne wiederholen? Zwischen den einzelnen Stufen können Tage oder auch ein bis zwei Wochen vergehen, stresst euch nicht. Ihr dürft auch einzelne Stufen mehrmals wiederholen. Und wenn ihr lange keinen Sex hattet, dann ist es auch völlig erwartbar, dass ihr nervös seid und es euch so geht, als hättet ihr das erste Mal miteinander Sex. Zumindest erlebt ihr nach einer Zeit der Pause und Distanz erstmals wieder körperliche Intimität. Natürlich ist man da aufgeregt und stellt sich vielleicht etwas ungeschickt an. Ihr müsst erst wieder lernen, euch körperlich nah zu sein.

DAS AUGE –
»ICH HABE NUR AUGEN
FÜR DICH«

DASS WIR IN EINER PARTNERSCHAFT sind, bedeutet nicht, dass wir andere Menschen nicht mehr attraktiv oder gar erregend finden. Ja, zu Beginn, wenn wir verknallt sind oder in der Phase von *passionate love*, haben wir nur Augen für diese eine Person. Doch mit der Zeit, wenn die erste Verknalltheit nachgelassen hat, fällt uns auf, dass da draußen auch andere attraktive Menschen herumlaufen. Und das darf uns auch auffallen. Auch dir. Und auch deiner Partnerin oder deinem Partner.

EIFERSUCHT

Eifersucht ist ein Gemisch verschiedenster Gefühle. Wenn wir eifersüchtig sind, spüren wir manchmal Wut, manchmal Verzweiflung, Trauer kann sich dazugesellen, aber auch Angst. Angst davor, verlassen zu werden, aber auch Angst vor Erniedrigung. Und wir alle können eifersüchtig werden, unabhängig von unserem Geschlecht, Alter oder unserer sexuellen Orientierung. Im Kontext romantischer Beziehungen werden wir eifersüchtig, wenn wir eine Bedrohung dieser Beziehung wahrnehmen. Da ist es wieder, das Wort Wahrnehmung. Wie wir im Kapitel über das Gehirn gelernt haben, ist unsere Perspektive immer subjektiv. Das bedeutet, die Gefahr, die wir spüren, kann durchaus real sein, weil es objektive Indizien dafür gibt – oder aber wir interpretieren etwas als Risiko, obwohl es gar keine objektiven Anhaltspunkte gibt. In diesem Fall pusten wir die vermeintliche Bedrohung in unseren Köpfen immer weiter auf. Und irgendwann wird daraus ein Heißluftballon. Wir stehen vor einem riesigen Etwas, fühlen uns klein und machtlos, dabei ist es nichts als heiße Luft.

Es erscheint uns jedoch so bedrohlich, weil wir es nicht schaffen, dem Gegenüber und unserer Beziehung zu vertrauen. »Früher oder später musste es ja so kommen«, denken wir uns. Wir haben in der hintersten Ecke unseres Kopfes damit gerechnet, dass wir irgendwann betrogen werden.

In der Evolutionspsychologie wird Eifersucht als ein notwendiges Gefühl sozialer Interaktionen interpretiert, denn sie hat eine Warnfunktion. Wir werden alarmiert, dass eine uns wichtige Beziehung zu einem anderen Menschen auf der Kippe stehen könnte, und als Konsequenz bemühen wir uns wieder mehr um diese Person. Das ist eine mögliche Interpretation, erklärt uns aber nicht, warum Menschen, die sich fortlaufend um ihre:n Partner:in bemühen, ebenso Eifersucht verspüren. Für diese und ähnliche Theorien gilt: Ausnahmen bestätigen eben nicht die Regel. Wenn eine solche Theorie nicht auf alle möglichen Fälle anwendbar ist, dann bringt sie uns leider nicht viel, sie erklärt uns nämlich nur einen Teil der Menschen, während wir bei den anderen immer noch im Dunkeln tappen.

Bis heute wird eine Studie zitiert, die zeigen soll, dass Männer wirklich vom Mars und Frauen wirklich von der Venus sind. Eine Gruppe von Forschenden meinte gezeigt zu haben, dass Männer typischerweise mehr auf körperliche Untreue und Frauen mehr auf emotionale Untreue mit Eifersucht reagieren.[22] Evolutionär lässt sich das scheinbar auch gut erklären, denn Cis-Männer können ja nicht wissen, ob das gezeugte Baby wirklich ihr eigen Fleisch und Blut ist, und wollen nicht auf die lebensgefährliche Jagd gehen für ein Kuckuckskind, während Cis-Frauen sich eher Sorgen gemacht haben um die emotionale Treue des Kindsvaters, denn er sollte sie und den Nachwuchs mit Mammutfleisch ernähren, anstatt mit einer neuen Frau durchzubrennen und in eine andere Höhle zu ziehen.

Leider versteckte sich schon in der ursprünglichen Befragung (und anderen, ähnlichen Befragungen) ein Logikfehler: Für gewöhnlich wollte man von den Teilnehmenden wissen, ob sie es schlimmer fänden beziehungsweise eifersüchtiger wären, wenn ihre Partner:innen Sex mit jemand anderem hätten *oder* wenn ihre Partner:innen heimlich eine Beziehung/Affäre mit einer anderen Person hätten. Auf diese Art und Weise zu fragen ist eine falsche Dichotomisierung. Die Frage wurde nämlich so gestellt, als wären sexuelle und emotionale Untreue zwei verschiedene Dinge – das sind sie aber nicht. Zudem wurde den Teilnehmenden eine *Forced-choice*-Aufgabe gestellt, sie mussten wählen, was sie schlimmer fänden. Die Optionen »Ich finde gar nichts schlimm« oder »Ich finde beides schlimm« wurden ihnen nicht gelassen.

Eine Auswertung von 54 Studien zu genau diesem Thema kommt zu einem anderen Ergebnis: Unabhängig vom Geschlecht tendieren alle Menschen dazu, emotionale Untreue als schlimmer zu bewerten, und berichten, dass sie in so einem Falle eifersüchtiger wären. Ein weiterer Aspekt spielt dabei vermutlich eine Rolle: Denn wenn wir uns vorstellen, unsere Partner:innen hätten eine geheime Beziehung oder Affäre, gehen die meisten Menschen direkt davon aus, dass es auch zu körperlich-sexueller Untreue kommen wird![23]

Obwohl manche Menschen der Meinung sind, dass Eifersucht ein Ausdruck von Liebe sei, zeigt uns die Forschung, dass sie eher zu einer Trennung beitragen kann. Ein häufiger Grund für Eifersucht ist nämlich potenzielle Untreue – nicht, weil eine Partei zwingend fremdgehen wird, sondern weil der Grund für die Eifersucht die befürchtete Untreue des Gegenübers ist.

Während manche Paare stillschweigend davon ausgehen, dass ihre Beziehung monogam ist, besprechen das andere Paare explizit. Aber selten wird definiert, ab wann Untreue eigentlich beginnt – viele Menschen nehmen unhinterfragt an, dass in ihrer Beziehung Einigkeit darüber herrsche. Doch beginnt sie beim Küssen, erst beim Geschlechtsverkehr oder schon beim Flirten mit jemand anderem? Der Genauigkeit halber möchte ich hier erwähnen, dass ich mit Untreue oder Fremdgehen korrekterweise eigentlich nonkonsensuelle Nonmonogamie meine. Also Nonmonogamie ohne Einverständnis.

Eine tatsächlich stattgefundene Untreue ist für viele Menschen ein großer Vertrauensbruch. Oftmals so groß, dass die Beziehung beendet wird, weil man keine Möglichkeit der Reparatur sieht. Die Person, die wir eigentlich so sehr lieben, hat etwas unglaublich Intimes – für viele sogar das Intimste schlechthin – mit einem anderen Menschen ausgelebt. Es kann auch durchaus passieren, dass Ekel in einem aufkommt und man keine körperliche Nähe mehr aushält. Oft geht im zweiten Moment das Gedankenkarussell los: Werden wir nicht mehr geliebt? Sind wir nicht mehr attraktiv? Sind wir so wenig wert, dass wir wie Dreck behandelt wurden? Diese emotional-psychischen Konsequenzen reißen entweder alte Wunden auf oder führen zu bestimmten Interpretationen, die es uns unmöglich erscheinen lassen, diese Beziehung weiterzuführen.

Falls in deiner jetzigen, eigentlich monogamen Beziehung ein Seitensprung stattfand und ihr das verarbeiten möchtet, dann stellt sich die Frage, wie das am besten gelingen kann. Das Vertrauen ist brüchig. Das schmerzt. Es wird vermutlich eine Zeit brauchen, bis ihr darüber sprechen könnt. Wer hinfällt, wird auch erst den Schmerz wahrnehmen und vielleicht weinen, bevor wieder aufgestanden werden kann. Vertrauen braucht Zeit, bis es wieder repariert ist. Es baut sich langsam auf, kann aber in Sekundenbruchteilen zerstört werden. Anfangs wirst du vielleicht vergeben, aber nicht vergessen können. Wenn du deine Beziehung weiterführen willst und das Fremdgehen ein Ausrutscher war, dann wirst du nicht drum herumkommen, zu vergeben. In zukünftigen Streitereien das Fremdgehen immer und immer wieder herauszukramen und der anderen Person Vorwürfe zu machen wird am brüchigen Vertrauen nur noch mehr rütteln. Um vergeben zu können, werdet ihr stundenlange Gespräche führen müssen. Warum genau ist es passiert? Hat deinem Gegenüber etwas in eurer Partnerschaft gefehlt? Es gibt unterschiedliche Gründe, warum Menschen fremdgehen. Manche suchen Bestätigung und Selbstwert, weil sie im Alltag zu wenig davon bekommen oder sich selbst zu wenig Selbstwert geben. Andere wollten wieder Aufregung und Adrenalin verspüren, weil ihr Alltag eintönig wurde. In manchen Beziehungen gab es seit Jahren keinen partnerschaftlichen Sex, und das Gegenüber wollte Lust, aber auch psychosoziale Grundbedürfnisse erfüllt sehen. Vielleicht war auch Alkohol im Spiel, und die Hemmschwelle ist dadurch gesunken. Nicht immer ist fehlende Liebe der Grund für einen Seitensprung. Ich sehe immer wieder Menschen, die selbst fremdgegangen sind und darunter leiden. Die verzweifelt sind und sich wünschen, sie hätten sich im entscheidenden Moment anders entschieden. Ich sehe aber auch immer wieder Menschen, deren Partner:innen fremdgegangen sind und die am Boden zerstört sind. Deshalb ist es eine sehr persönliche Entscheidung, wie du oder ihr mit einem Seitensprung umgeh(s)t.

Ich persönlich halte es für zu kurz gefasst, wenn Menschen allgemeine Ratschläge geben wie »Trenn dich auf jeden Fall!« oder »Es gab einen Grund für die Untreue, sprich darüber, ändere was an deiner Beziehung!«. Sätze wie »Eine Krise ist eine Chance« finde ich stellenweise sogar verhöhnend und fast hämisch. Es ist deine Beziehung und deine Entscheidung. Wenn wir uns aber die Forschung anschauen, dann müssen wir befürchten, dass auch uns das passieren könnte. Je nach Studie, beziehungsweise je nachdem, wie »Fremdgehen« darin definiert wurde, haben zwischen 1,2 % bis hin zu 85,5 % der Befragten zugegeben, bereits fremdgegangen zu sein in ihrer aktuellen oder einer früheren Beziehung.[24] Wenn wir uns aber dieser Befürchtung hingeben und unsicher werden, weil unsere Partner:innen uns betrügen könnten, obwohl wir gar keine Hinweise darauf haben – dann nähern wir uns der Eifersucht, die Trennungsgrund werden kann. Wenn wir ohne Indizien davon ausgehen, dass unsere Partner:innen fremdgehen, und wir deshalb eifersüchtig werden, dann schicken wir zwischen den Zeilen eine Botschaft. Und diese lautet: »Ich vertraue dir nicht!« Da wir mittlerweile aber wissen, dass jede Nachricht vier Seiten haben kann, möchte ich dich ganz direkt und geradeheraus fragen: Könnte deine Botschaft auch eine Selbstoffenbarung sein? Heißt deine wahre Message eventuell »Ich kann nicht glauben, dass mich jemand liebt, so wie ich bin. Irgendwann wird mein Gegenüber mich betrügen, weil andere Menschen da draußen besser sind als ich«?

Manchmal ist grundlose Eifersucht ein Hinweis auf fehlendes Vertrauen in sich selbst. Man glaubt nicht, selbst begehrenswert zu sein, und geht davon aus, dass man früher oder später betrogen wird. Und verliert sich dann im eigenen Kopfkino und sucht regelrecht nach »Beweisen«, die diese Befürchtung bestätigen und zeigen: Ich hatte recht! Wir sprechen hier von *selektiver Verzerrung* bzw. *selektiver Wahrnehmung* – du hast nur diejenigen Informationen gesucht und entsprechend gedeutet, die deine Befürchtung bestätigen. Alles, was dagegensprechen könnte, hast du ignoriert, denn du warst ja überzeugt davon, recht zu haben. Diese Unsicherheit und die Überzeugung, dass wir es nicht wert seien, geliebt zu werden, kann ein Resultat deines Bindungsstils sein. Menschen, die von klein auf diese Idee eingepflanzt bekommen haben, weil sich nicht gut um sie gekümmert wurde, haben oft auch als Erwachsene Probleme, anderen Menschen zu glauben, dass sie liebenswert sind.

Unbegründeter Eifersucht solltest du mit Vertrauen begegnen. Einerseits vertrauen in dich als liebenswerten Menschen, andererseits Vertrauen in deine:n Partner:in. Hinterfrage die Indizien, die du hast – wenn ein:e Freund:in dir das erzählen würde und es gar nicht um deine Beziehung ginge, wärst du dir dann auch so sicher, dass die betreffende Person fremdgeht? Sprich mit deinem Gegenüber über deine Überzeugungen und Befürchtungen. Frag, was er/sie an dir liebt und warum er/sie in einer Beziehung mit dir ist. Wenn nötig, schreib dir das auf. Vermeide es aber, immer und immer wieder danach zu fragen, weil das Rückversicherung wäre. Dies ist ein Zeichen dafür, dass du deinem Gegenüber nicht glaubst oder vielleicht sogar denkst, du hättest dir dessen Antwort nur ausgedacht. Du holst dir durch das ständige Nachfragen quasi immer wieder die Bestätigung durch einen anderen Menschen. Das ist kontraproduktiv, denn das Vertrauen muss aus dir selbst heraus kommen.

Natürlich kann es sein, dass du früher betrogen wurdest, und es war so schmerzhaft, dass du das nicht noch einmal erleben willst. Das ist völlig verständlich! Falls das eine frühere Beziehung war, dann gilt: Dein Gegenüber, mit dem du heute in einer Beziehung bist, ist aber nicht die Person von damals, die fremdgegangen ist. Warum lässt du sie dafür büßen? Es steht nirgends geschrieben, dass du zwingend wieder betrogen wirst. In der oben genannten Studie sagten deshalb 85,5 %, dass sie fremdgegangen seien, weil gefragt wurde, ob sie mit jemandem geflirtet haben, obwohl sie in einer festen Beziehung waren. Dadurch kommt diese hohe Zahl zustande, aber viele Menschen würden das gar nicht als Fremdgehen kategorisieren.

In der Biologie geht man davon aus, dass unsere Körper nicht für Monogamie gemacht sind. Das ganze Jahr über schwanger werden zu können kann als Indiz gedeutet werden, dass wir mit verschiedensten Menschen Sex haben »sollten«, um die genetisch am besten ausgestatteten Kinder zu zeugen. Hinzu kommt, dass die Pilzform des Penis dafür gedacht sein könnte, beim Penetrieren Unterdruck entstehen zu lassen, wodurch das Sperma des Rivalen rausgepumpt wird.[25] Das sind alles aber nur Ideen. Ganz genau können wir es (noch?) nicht sagen. Die Vermutung scheint aber nicht völlig abwegig, denn aus dem Tierreich kennen wir ähnliche Genital-Kuriositäten: Kater haben Penisse mit 100 bis 200 Stacheln, die sich festhaken, damit die Katze bei der Kopulation nicht weglaufen kann, bevor es zur Ejakulation kommt. Wespenspinnen haben Penisse, die abbrechen und das Geschlechtsorgan des Weibchens verschließen, damit kein anderes Männchen nach ihnen hineinejakulieren kann. Sie opfern ihren Penis, damit sichergestellt ist, dass die Nachkommen auch wirklich ihre Gene haben. Die Penisse von Libellen schaben das Geschlechtsorgan des Weibchens sauber, um es vom Sperma des Rivalen zu befreien. Warum sollte dann der menschliche Penis nicht auch eine zusätzliche Funktion haben?

Selbst wenn unsere Körper nicht für Monogamie ausgelegt sein sollten, können wir Menschen dennoch monogam leben. Denn jede Partnerschaft ist eine bewusste Entscheidung, die wir treffen. Wir Menschen sind fähig, Abmachungen zu treffen und diese einzuhalten. Die Form des menschlichen Penis kann nicht als Ausrede für das Brechen von Vereinbarungen herangezogen werden.

Neben der monogamen Partnerschaft gibt es auch andere Formen romantischer Beziehungen. Die meisten von uns kennen und leben die konsensuelle Monogamie, also die klassische Zweierbeziehung. Andere Paare leben konsensuelle Nonmonogamie aus, sie haben sich darauf geeinigt, dass man Sex mit anderen Menschen haben darf. Eine Unterform der konsensuellen Nonmonogamie ist die polyamoröse Beziehung, in der mehrere Personen miteinander oder untereinander gleichberechtigte romantische Beziehungen haben.

Ab und zu scheint es mir, als gäbe es in manchen Kreisen fast schon eine Art selbstauferlegten Druck oder ein Missverständnis, dass man – je nach Umfeld – unbedingt eine konsensuell nonmonogame oder offene oder polygame Beziehung leben müsse. Oftmals gepaart mit der Annahme, dass wir uns im 21. Jahrhundert doch so weit entwickelt haben sollten, dass wir solche Dinge wie Monogamie und Eifersucht hinter uns lassen können. Hier wird aber wieder eine Beziehungsform über die andere gestellt. Damit wir einmal Klartext reden: Niemand muss etwas leben, was er:sie nicht möchte. Monogamie ist genauso in Ordnung wie Nonmonogamie, Hauptsache, die Beteiligten entscheiden sich freiwillig dafür und willigen ein. Auch hier kann eine Grenze für manche Menschen liegen.

PORNOGRAFIEKONSUM UND PORNOSUCHT

Johannes hat bei mir für sich und seinen Partner Marc einen Termin vereinbart. Marc erzählt mir direkt, dass er mir und der ganzen Paartherapie gegenüber skeptisch ist. Wir befinden uns in einer besonderen Situation: Während Johannes von einem meiner Instagram-Beiträge begeistert ist, findet Marc meinen Post furchtbar. Ihr Problem sind Pornos, genauer: Marc hat ein Problem damit, dass Johannes sich drei- bis viermal pro Monat zu Pornovideos selbst befriedigt. Er findet, dass das eine Form des Fremdgehens ist, die in ihrer monogamen Beziehung nichts verloren hat. Und sowieso sei Johannes bestimmt pornosüchtig. Johannes ist ganz anderer Meinung. »Was ist denn schon dabei, wenn wir zwei- bis dreimal pro Woche miteinander Sex haben und ich mich ein paarmal im Monat selbst befriedige?«, entgegnet er.

Marc ist nicht allein mit seiner Einstellung, sie begegnet mir in den Paartherapien zwar nicht häufig, aber dennoch immer mal wieder. Manche Paare vereinbaren, dass sie auf Pornos verzichten bei der Selbstbefriedigung, andere einigen sich darauf, überhaupt nicht mehr zu masturbieren, und für wieder andere ist es ein immer wiederkehrendes Streitthema. Wenn wir Fremdgehen oder Untreue definieren als körperlich-sexuelle Intimität mit einem anderen Menschen, dann fällt Selbstbefriedigung zu Pornografie streng genommen zwar nicht darunter, aber dennoch kann es sich so anfühlen oder auch Eifersucht hervorrufen, weil man sich fragt: »Genüge ich nicht mehr? Kann ich meinem Gegenüber nicht das geben, was er:sie will?«

So auch bei Marc. »Eigentlich finde ich Pornos gar nicht sooo schlimm, ich habe sie als Single ja auch zur Selbstbefriedigung genutzt«, gibt er zu.

Sein Problem sind die Darsteller, die Johannes bevorzugt. »Die sind durchtrainiert, haben riesige, wirklich enorm große Penisse und können die ganze Zeit ihren Mann stehen! Ich sehe nicht so aus, und mein Penis ist auch nur durchschnittlich groß!« Marc befürchtet, dass er Johannes mit seinem Wortwitz und seinem Charme für sich gewonnen hat, aber Johannes ihn früher oder später mit »einem Monsterpenis auf zwei Beinen«, wie er es nennt, betrügen wird.

Johannes reagiert erfrischend ehrlich und direkt: »Und dafür bezahlen wir eine Paartherapie?«, rutscht es ihm heraus. Nachdem er sich versichert hat, dass ich ihm den Satz keineswegs übelnehme, erklärt Johannes, was viele andere Männer auch sagen. Pornos sind für ihn nicht real, sie sind Fantasie. So wie er Harry Potter oder Game of Thrones schaue, schaue er eben auch Pornos. Er beteuert, dass er absolut zufrieden ist mit ihrem Sexualleben. Nur ab und zu meldet sich seine Sexualfantasie, die aber eben nur im Kopf stattfindet. Er erzählt, dass er sich mal extra mit jemandem zum Sex verabredet hatte, der einen überdurchschnittlich großen Penis hatte – und es dann genau deshalb gar nicht zur Penetration gekommen ist. Er liebt Marc so, wie er ist, mit seinem Humor, seinem Charme und seinem Körper.

An dieser Stelle sei gesagt: Es geht mir hier nicht um die ethischen Aspekte von Pornografie beziehungsweise ihrer Herstellung – es gibt leider Darsteller:innen, die unfreiwillig drehen oder unfreiwillig gewisse Praktiken mitmachen, um Geld zu verdienen. Genauso gibt es aber auch Darsteller:innen, die freiwillig und mit Spaß diese Arbeit ausüben. Es gibt auch ethisch vertretbare und feministische Pornos, man sieht sie nur nicht auf den kostenlosen großen Seiten. Wir müssen uns eines klarmachen: Die frei verfügbaren Pornos auf den bekannten Webseiten sind Männerfantasien, hergestellt von Männern für andere Männer.

Johannes ist nicht pornosüchtig. Zwar wird häufiger Porno- oder Sexsucht als Ausrede für den Konsum von Pornografie oder das Fremdgehen genutzt, aber in vielen Fällen ist es genau das: eine Ausrede. Die psychologische Forschung zeigt zudem, dass viele selbstidentifizierte Porno- oder Sexsüchtige gar kein problematisches Sexualverhalten haben.[26] Wir sehen sogar mittlerweile, zum Beispiel in den USA, dass eine scheinbare Sexsucht als Ausrede bei Straftaten genutzt wird, in der Hoffnung, als »psychisch krank« zu gelten und strafmildernde Umstände zu bekommen. Letzteres ist natürlich besonders fatal, weil Menschen, die wirklich ein problematisches Sexualverhalten und/oder einen problematischen Porno-Konsum haben, stigmatisiert werden und Gefahr laufen, dass man ihnen nicht glaubt.

Es gibt die Diagnose *F52.7 gesteigertes sexuelles Verlangen*, aber bisher haben wir keine Kriterien für sie. Im Diagnosewerk der Weltgesundheitsorganisation steht auf Seite 224: »Für diese Kategorie werden keine Vorschläge für Kriterien gemacht. Untersuchern, die sich mit dieser Kategorie befassen, wird empfohlen, eigene Kriterien zu entwerfen.«[27] Und das öffnet leider Tür und Tor für Subjektivität durch Behandelnde. Das muss man sich auf der Zunge zergehen lassen: Psychotherapeut:innen dürfen sich Kriterien ausdenken, anhand derer sie diese Diagnose stellen. Und fatalerweise geschieht das auch. Eine US-amerikanische Gruppe von Forschenden[28] hat 333 wissenschaftliche Publikationen zu den Themen Pornosucht und

Sexsucht durchforstet, die zwischen 1995 und 2020 veröffentlicht wurden. Und in diesen Veröffentlichungen wird das Problem deutlich: es werden völlig unterschiedliche Konzepte und Kriterien angewandt. Manche Psychotherapeut:innen und Forschende sortieren ein übermäßiges und problematisches Sexualverhalten als Sucht ein, haben Fragebögen anhand von Suchtkriterien entworfen und versuchen es auch wie eine Sucht zu behandeln. Andere ordnen es als eine Form der Zwangsstörung ein, diagnostizieren es nach deren Kriterien und versuchen es auch wie eine solche zu behandeln. Wieder andere sehen eher Gemeinsamkeiten zu Impulskontrollstörungen wie Kleptomanie (pathologisches Stehlen) oder Pyromanie (pathologisches Feuerlegen). Die Autor:innen der Übersichtsarbeit kommen zum Ergebnis, dass keines der diagnostischen Kriterien und keine der beschriebenen Behandlungsmöglichkeiten uneingeschränkt empfohlen werden kann, weil es kein einheitliches Konzept gibt. Und wenn es kein einheitliches Konzept gibt, kann auch die Wirksamkeit der Behandlung nicht überprüft werden.

Nicht nur hier wird deutlich gemacht, dass es wissenschaftlich keinen Konsens gibt – auch andere Studien widersprechen dem Suchtkonzept von Sex und Pornografie. Spannenderweise kann bei selbstidentifizierten Pornosüchtigen nicht vorhergesagt werden, ob sie mehr Pornos konsumieren als der Durchschnitt, also Nichtsüchtige – wohl aber durch die Religiosität und moralische Einstellung einer Person.[27] Anders ausgedrückt, die meisten Menschen, die sich selbst für ihren Pornografiekonsum ablehnen, haben keinen übermäßigen oder gar krankhaften Konsum, sondern sie werten sich aufgrund ihrer moralischen Einstellungen dafür ab, dass sie überhaupt Pornos schauen und/oder masturbieren. Allein logisch betrachtet ergibt der Begriff »Pornosucht« gar keinen Sinn. Die Kennzeichen einer Sucht sind, dass wir:

- eine Toleranz aufbauen, wir brauchen also mit der Zeit mehr davon, um die gleiche Wirkung zu erzielen,
- Craving verspüren, also wenn wir nicht konsumieren, eine starke Lust danach haben und
- Entzugssymptome haben, also wenn wir nicht konsumieren, psychische und körperliche Reaktionen auftreten, wie beispielsweise Nervosität, Aggression, Zittern, Schwitzen, und diese Reaktionen verschwinden, sobald wir wieder konsumieren.

Nach diesen Kriterien müsste jemand »Pornosüchtiges« auch Pornos schauen, ohne sich selbst zu befriedigen, vielleicht beim Kochen, vielleicht beim Duschen oder Umziehen. Denn man braucht ja mit der Zeit immer mehr davon. Aber dem ist nicht so. So genannte pornosüchtige Menschen schauen Pornos und befriedigen sich dazu selbst. Sie schauen keine Pornos ohne Masturbation.

Aus unter anderem diesen Gründen lehnt auch die Weltgesundheitsorganisation den Begriff »Pornosucht« ab. Während bei einer Heroinsucht der Fokus auf Heroin liegt, bei einer Kaufsucht der Fokus auf dem Einkaufen, geht es bei einer »Pornosucht« nicht um Pornos. Es geht um sexuelles Verhalten und Orgasmen. Pornos sind für viele Menschen lediglich der einfachste Weg dahin. Wer ein problematisches Sexualverhalten hat, kann das auch ohne Pornos, zum Beispiel bei der Selbstbefriedigung zur Fantasie oder beim Sex mit anderen Menschen haben.

Denn es gibt ja wirklich Menschen mit einem aus dem Ruder geratenen Sexualverhalten. In der nächsten Version des Diagnosewerks der Weltgesundheitsorganisation, der 11. Version der Internationalen Klassifikation der Krankheiten (ICD-11), die wir in Deutschland im klinischen Kontext einsetzen, hat die Diagnose einen neuen Namen, und es gibt endlich Kriterien. Sie heißt zukünftig »zwanghafte sexuelle Verhaltensstörung« (engl. *compulsive sexual behaviour disorder*) und zeichnet sich unter anderem dadurch aus, dass Betroffene sexuelle Impulse erleben und den Eindruck haben, sich nicht dagegen wehren zu können. Sobald ihnen Sex in den Sinn kommt, können sie sich nicht widersetzen und haben das starke Bedürfnis, sofort zu masturbieren oder Sex mit anderen zu haben. Das führt so weit, dass sie sozialen Verpflichtungen, wie zum Beispiel der Arbeit, sich mit Freund:innen treffen oder dem Haushalt nur noch eingeschränkt oder gar nicht mehr nachgehen können. Pornografie wird mit keinem Wort erwähnt in diesen Kriterien.

Was alle Betroffenen gemeinsam haben, ist, dass diese Menschen sexuelles Verhalten nutzen, um mit ihren Gefühlen umzugehen. Sie haben irgendwann abgespeichert, dass Sex und Orgasmen der beste Weg seien, um mit Gefühlen klarzukommen. Wenn sie einen super Tag hatten, dann belohnen sie sich mit einem Orgasmus. Wenn sie einen schlechten Tag hatten, dann neutralisieren sie diesen damit, denn ein Orgasmus ist ja erst mal ein angenehmes Gefühl. Wenn sie wenig Selbstwert haben, dann versuchen sie das auszugleichen, indem sie mit vielen Menschen Sex haben. Bis sie in einem Teufelskreislauf landen und irgendwann nicht mehr anders können. Sie wissen nicht, wie sie sonst mit ihren Gefühlen umgehen sollen.

Es kann sein, dass es deinem Partner oder deiner Partnerin genauso geht. Es kann sein, dass etwas aus der Bahn geraten ist, sich verselbstständigt hat und jetzt Leid verursacht. Das hat nichts damit zu tun, dass du ihm oder ihr nicht ausreichen würdest oder nicht mehr attraktiv seist! Falls dem tatsächlich so ist, hat dein:e Partner:in ein psychisches Problem. So, wie andere Menschen sich stundenlang die Hände waschen oder depressiv sind, masturbiert dein:e Partner:in mehrmals am Tag oder will übermäßig viel Sex.

Versuche ein Gespräch aufzubauen: Warum verhält sich dein:e Partner:in so? Was steckt dahinter? Es kann sein, dass dein Gegenüber dann trotzig reagiert – nimm das nicht persönlich. Wahrscheinlich fühlt er:sie sich ertappt und schämt sich, weil er:sie es vielleicht als Schwäche sieht. Statt zu streiten, lass dein Gegenüber lieber wissen, dass du unterstützend zur Seite stehst, wenn er:sie dich braucht.

BEZIEHUNGSBLATT 5: EIFERSUCHT

Unbegründete oder starke Eifersucht ist ein häufiger Trennungsgrund.
Wir alle reagieren auf unterschiedliche Dinge eifersüchtig – für manche
ist ein Blick genug, während andere erst auf körperliche Intimität mit
Eifersucht reagieren. Worauf bist du warum eifersüchtig?

Ich werde eifersüchtig, wenn ....

weil ich dann befürchte ....

....

....

Ich werde eifersüchtig, wenn ....

weil ich dann befürchte ....

....

....

Ich werde eifersüchtig, wenn ....

weil ich dann befürchte ....

....

....

DIE HÄNDE –
BIS HIERHIN UND NICHT WEITER!

ICH BIN MAL WIEDER über Weihnachten zurück nach Unterfranken gefahren, wo ich geboren und aufgewachsen bin. Wie jedes Jahr sitzen wir an einem der Weihnachtsfeiertage in illustrer Runde in der einzigen offenen Kneipe. Wir haben uns lange nicht gesehen und bringen uns gegenseitig auf den neuesten Stand. Im Laufe des Abends sagt Sven zu unserem Freund René, was er am Morgen im Radio gehört hat: »Das glaubst du nicht. Da hat der Radiomoderator gefragt, ob man in einer Ehe getrennte Bankkonten haben sollte oder nicht?!« Alle lachen. Ich lache mit. Ich bin privat hier, das ist keine Psychotherapiesitzung, deshalb gehe ich automatisch davon aus, die anderen verstanden zu haben, dass wir alle einer Meinung sind. Wir sind alle zwischen 35 und 45, haben Ausbildungen gemacht oder studiert, wir arbeiten, wir sind alle deutsch – genauer noch: zwischen 1980 und den 2000ern unterfränkisch – sozialisiert. Wir sind in Nachbargemeinden und -dörfern aufgewachsen. Wir haben einen ähnlichen Hintergrund.

Sven nimmt einen Schluck von seinem Bier, dreht sich zu mir und sagt: »Verrückt, oder? Ich mein, wenn man in einer Ehe getrennte Konten hat, dann stimmt ja offensichtlich etwas mit der Beziehung nicht – da kann man sich ja gleich scheiden lassen!« Svens Ehefrau Elif, sein bester Freund René und dessen Ehefrau Hannah nicken zustimmend. Erst jetzt begreife ich: Ich bin der einzige Andersdenkende. Weil ich davon ausgegangen bin, die anderen zu verstehen, habe ich nicht nachgefragt und bin in die *Plausibilitätsfalle* getappt.

Sven, Elif, René und Hanna ziehen offensichtlich eine Grenze beim Thema Bankkonto. Eine Ehe bedeutet für die vier, alles miteinander zu teilen. Ich frage mich, ob in ihrer Welt Autonomie zu bewahren gleichbedeutend ist mit einer Bedrohung … Haben sie Angst, dass sie schlimmstenfalls verlassen werden könnten?

MEINE GRENZEN, DEINE GRENZEN

Gesunde Grenzen brauchen ein Bewusstsein über das eigene Selbst und das, was du willst. Eine physische Grenze befindet sich dort, wo du endest und die andere Person beginnt. Eine räumliche ist, wie nah sich Menschen an dich stellen oder setzen dürfen. In Beziehungen können wir Grenzen definieren als den Moment, an dem deine Bedürfnisse berührt werden. Keine Abgrenzung zu kennen und keine eigenständige Person zu sein kann schlimmstenfalls abhängig machen, weil wir keine Autonomie und Selbstwirksamkeit erleben. Wir haben kaum oder keine Möglichkeit, uns selbst zu zeigen, dass wir manche Sachen auch alleine hinbekommen. Wie immer ist hier die Flexibilität oder Rigidität ausschlaggebend: Solange wir selbst entscheiden, ob und was wir alleine machen, fühlen wir uns wahrscheinlich okay. Sobald wir diese Wahl aber nicht mehr treffen können, sondern feststellen, dass wir niemanden an uns heranlassen, weil unsere Grenzen so festgesteckt sind, oder wir alles abhängig machen vom Gegenüber, bemerken wir über kurz oder lang eine Schieflage.

Gestalterisch werden oft die Hände genutzt, um jemandem Einhalt zu gebieten oder »Stopp!« zu signalisieren. Wir ziehen in diesem Moment mit unserer Hand eine imaginäre Grenze und sagen: »Bis hierhin und nicht weiter!« Wir halten jemanden auf einer Armlänge Abstand, aber nicht immer reicht diese Armlänge aus. Es ist überhaupt schade, dass wir energisch unsere Hand einsetzen müssen, um unsere Grenze aufzuzeigen … Warum reicht die Kommunikation darüber nicht aus? Wir teilen mit, wo unsere Grenze ist, und unser Gegenüber respektiert das.

In einer Beziehung sind wir eine Gemeinschaft, wir sind ein Team. Diese Gemeinschaft besteht jedoch aus Individuen. In einer gut funktionierenden Beziehung schaffen es die Beteiligten, die Balance zwischen individueller Einzelperson und Kollektiv zu halten. Es gibt mich, und es gibt uns. Wir wissen, wie Menschen entstehen, wir sind nicht Kugelmenschen, wie Platon sie in einem seiner Gleichnisse beschrieben hat. Er war der Meinung, dass wir ursprünglich als Kugelwesen mit vier Armen, vier Beinen und zwei Gesichtern erschaffen, aber irgendwann getrennt wurden. Wir würden deshalb unser Leben lang nach unserer anderen Hälfte, unseren Seelenverwandten suchen. Diese eine Person, mit der wir mal als Kugel geschaffen wurden.

Wir brauchen unsere Grenzen, um unser Leben als Individuum leben zu können. Gleichzeitig haben wir uns damals, als wir die Beziehung eingegangen sind, in ein Individuum mit eigenen Interessen verliebt. Wir fanden diesen anderen Menschen spannend, wir fühlten uns von ihm angezogen. Wenn wir nur noch in einer Gemeinschaft existieren und unser Gegenüber sich als Einzelperson vernachlässigt, sich also nicht vom Kugelmensch-Dasein abgrenzt, laufen wir Gefahr, das Interesse zu verlieren. »Du bist nicht mehr die Person, in die ich mich verliebt habe«, rutscht es uns vielleicht heraus. Wie soll sie denn auch diese Person sein, wenn es nur noch ein *uns* gibt, aber kein *ich* mehr.

In unserer Gesellschaft gibt es mächtige Erzählungen über die eine perfekte, romantische Liebe. Die eine Richtige, der Märchenprinz oder »bis dass der Tod uns scheidet«. Das ist nicht per se irrational oder hinderlich; einige berichten, dass sie in ihrer Beziehung die eine, ideale Liebe gefunden haben. Und ich freue mich für all diese Menschen.

Problematisch wird es, wenn wir nicht mehr flexibel bleiben können, sondern starr in unseren Einstellungen, Gedanken, Handlungen werden. Dann kann es sein, dass wir über kurz oder lang scheitern. Der Märchenprinz impliziert, dass er *der* perfekte Partner sei. Er erfüllt all unsere Vorstellungen. Wenn wir inflexibel werden, dann verlieren wir aus den Augen (oder haben nie erkannt), dass es eine hundertprozentige Passung nicht geben kann. Wir sind Individuen und somit unterschiedlich. Schlimmstenfalls warten wir vergeblich auf den einen Menschen, der 100 Prozent unserer Erwartungen erfüllt, und entscheiden uns auf dem Weg gegen jemanden mit 90 % …

Gleichzeitig kann dies viel Druck auf der Gegenseite auslösen, wenn die andere Person unser:e beste:r Freund:in, Liebhaber:in, Elternteil, Ehemann oder -frau und mehr sein soll. Idealisierte Vorstellungen der romantischen Liebe können auch dazu führen, dass wir mit dem Gegenüber sprichwörtlich verschmelzen wollen. Wir suchen unsere »bessere Hälfte« – als seien wir als einzelne Menschen nur halb so viel wert und deshalb allein nicht gut genug. Es müssen die anderen 50 % her, damit wir komplett sind. Einhundert Prozent bedeutet, »ganz« zu sein. Vorher ist man das nicht, man ist unvollständig. Ich finde diese Vorstellung traurig. In ihr steckt sogar ein Stück Selbstabwertung – wir sind nur halb, also nicht vollständig. Erst wenn wir in einer Beziehung sind, sind wir »ganze« Menschen. Wie schade!

Hinter unseren Grenzen stecken die Bedürfnisse, die wir haben. Diese können in unserer Vergangenheit erfüllt und respektiert worden sein, sodass wir wissen: Wir wollen, dass andere Menschen genauso damit umgehen! Leider kann es aber auch sein, dass damals manche davon nicht respektiert wurden und wir deshalb heute erst recht den Wunsch haben, dass sie doch bitte geachtet werden. Wenn es kritisch wird und jemand droht, unsere Bedürfnisse zu verletzen, ziehen wir eine Grenze. So, wie Shirin.

Shirin ist Anfang 30 und seit zwei Jahren mit ihrem Freund zusammen. Seit Kurzem wohnen die beiden in einer gemeinsamen

Dreizimmeraltbauwohnung in Berlin-Schöneberg. »Eigentlich ist unser Alltag harmonisch«, erzählt sie mir. »Nur manchmal erkenne ich mich selbst nicht wieder«, gibt sie zögerlich zu. Shirin berichtet, dass ihr Partner und sie sich die Hausarbeit teilen, aber am Wochenende ist sie richtig wütend geworden und hat rumgemotzt. Nachdem sie das Altglas weggebracht hatte und zurückkam, hat sie beobachtet, wie ihr Freund mit dem Staubsauger ihre Schuhe weggestoßen habe. »Ruppig und rücksichtslos zur Seite befördert«, findet sie, »und dann habe ich einfach rotgesehen! Das geht gar nicht! Ich habe den Stecker gezogen und ihn direkt angepampt, für wen er sich hält und ob er noch alle Latten am Zaun hat!« – »Wie hätte er denn staubsaugen sollen?«, frage ich und erfahre: Er soll die Schuhe mit den Händen hochnehmen und auf die Bank im Flur stellen. Nach näherem Rückfragen erzählt Shirin, dass ihr Vater früher, als sie noch bei ihren Eltern wohnte, beim Staubsaugen alle Dinge, die auf dem Boden lagen, weggekickt und weggeworfen hat. »*Nur Müll liegt auf dem Boden,* hat er immer gesagt«, schluckt sie, »und ich erinnere mich, wie ich öfter als Kind weinend zu meiner Mutter gegangen bin und wir aus der Mülltonne meine Spiel- oder Schulsachen herausgefischt haben. Das war so respektlos mir und meinen Sachen gegenüber, als wäre alles, was ich habe, Müll oder Dreck. Als wäre *ich* Müll oder Dreck!« Deshalb ist es Shirin heute wichtig, dass andere Menschen pfleglich mit ihren Sachen umgehen, sie zieht die Grenze bei Unachtsamkeit. Wenn sie zum Beispiel Bücher verleiht, dann erklärt sie jedes Mal ihren Freund:innen, dass diese bitte den Buchrücken nicht knicken, keine Markierungen mit Stiften vornehmen und auf keinen Fall Eselsohren in die Seiten machen sollen. »Alles andere ist absolut respektlos meinen Sachen und somit mir gegenüber. Ich will doch nur, dass man mich und mein Eigentum respektiert.« Und heute, vor mir sitzend, schämt sie sich dafür, wie sie sich ihrem Freund gegenüber verhalten hat. Mit Abstand betrachtet kann sie sagen, dass sie respektlos zu ihm war – genau das, was sie so furchtbar findet. »Er konnte ja nicht wissen, wie mein Vater mit mir und meinen Sachen umgegangen ist, so sehr habe ich mich noch nicht geöffnet«, gibt sie kleinlaut zu.

In den meisten Beziehungen funktioniert das Einhalten von Grenzen mehr oder weniger gut. Die eigenen zu benennen und die der anderen Person zu respektieren, ist aber der letzte Schritt. Davor passiert bereits ganz viel: Ich muss erst die Frage, wo meine Grenzen liegen, beantworten, um sie mitteilen zu können. Wenn ich das kann, ist es außerdem hilfreich, zu wissen, warum meine Grenze liegt, wo sie liegt. Was steckt dahinter? Woher kommt das? Wenn ich das erläutern kann, wird mein Standpunkt nachvollziehbarer. Und Nachvollziehbarkeit erhöht Verständnis, weil mein Gegenüber sich dadurch leichter in mich hineinversetzen kann. Dadurch steigt wiederum die Wahrscheinlichkeit, dass meine Grenzen eingehalten werden beziehungsweise dass ich die der anderen Person einhalte. Grenzen regeln den Spielraum, in dem wir uns bewegen dürfen und können. Wenn dein Gegenüber deine nicht kennt, dann wirst du eventuell aus Versehen verletzt. Genauso natürlich auch umgekehrt: Soll dein:e Partner:in Schmerz erfahren, weil du unabsichtlich Grenzen übertrittst, von denen du nicht mal wusstest, dass sie existieren? Ich vermute, das wollt ihr beide nicht.

Die Benennung, aber auch die Erläuterung der Grenzen sind nötig, weil sie subjektiv sind. Meine können woanders liegen als deine. Und deine sind vielleicht andere als die einer dritten Person. Wir haben aber leider keine Landkarte der anderen Menschen, daher können wir nicht im Vorfeld wissen, wo die Grenzen des Gegenübers liegen. Deshalb müssen wir über sie sprechen. Uns bleibt keine andere Wahl, wenn wir respektvoll miteinander umgehen wollen. Wir können aber nur darüber reden, wenn wir bereit sind, uns verletzlich zu zeigen. Der Grund für unsere Grenzen ist immer persönlich.

Wir müssen etwas von uns preisgeben, um die Geschichte hinter unseren Grenzen zu offenbaren. Wir öffnen uns und lassen die andere Person in unser Herz blicken, damit Nachvollziehbarkeit und Verständnis entstehen können. Wir wissen jedoch nicht, ob das geschieht – wir hoffen darauf, denn wir lieben unser Gegenüber. Und in den meisten Fällen wird diese Hoffnung nicht enttäuscht.

UNSERE GRENZEN

Es gibt viele Beispiele für alltägliche Grenzen in unseren Beziehungen. Für die meisten Paare besteht kein Anlass für ein Gespräch, es ist für viele selbstverständlich, dass beim Klogang – vor allem Stuhlgang – die Türe geschlossen wird. Wir ziehen eine Grenze. Vielleicht weil wir es eklig finden, vielleicht weil wir unsere Ruhe haben wollen, vielleicht weil wir nicht in dieser Situation gesehen werden wollen. Keine Angst, dies wird kein Plädoyer, die Türe offen zu lassen; es ist ein Beispiel, das uns alle betrifft, das viele verstehen und nachvollziehen können. Hier geht es um eine Situation, in der die meisten von uns es erwarten, dass andere eine Grenze ziehen und die Türe schließen oder es einfordern würden, wenn diese Grenze nicht gezogen wird. Ohne auf den Vorgang selbst zu fokussieren, sondern rein beschreibend und wertneutral: Wir finden es manchmal in Ordnung, dass Grenzen gezogen werden oder erwarten das sogar. Warum finden wir es dann in anderen Situationen weniger okay?

Wenn du jetzt antwortest, »Na, weil es eklig ist«, dann würde ich fragen: Wenn dein Partner oder deine Partnerin sich mit Fieber im Bett liegend erbricht, ist das nicht auch eklig? Aber dennoch würden wir die andere Person umsorgen.

Es scheint Momente zu geben, in denen wir unseren Ekel hintanstellen können. Im Alltag wollen das aber nicht. Und das ist okay.

Das ist legitim. Weil deine Grenze eine Daseinsberechtigung hat. Genauso wie die der anderen sie auch haben. Wenn wir aber die Fähigkeit haben, bestimmte Grenzen einfach zu akzeptieren, ohne eine Interpretation über das Ausmaß der Liebe, Zuneigung oder des Vertrauens vorzunehmen, warum nutzen wir diese Fähigkeit nicht auch bei anderen Grenzen?

Ist es in Ordnung, in einer Beziehung, wenn man zusammenwohnt, getrennte Schlafzimmer zu haben? Hier scheiden sich oftmals die Geister. Für viele Menschen erscheint diese Frage absurd. Sogar einen Schritt weiter: Wenn ihr Partner oder ihre Partnerin diesen Vorschlag bringen würde, wären sie verletzt. Sie wären verletzt, weil sie interpretieren! Wir setzen »miteinander in einem Bett schlafen« gleich mit »sich lieben«. Wenn Paare in getrennten Zimmern schlafen, denken viele an Probleme in der Beziehung, an Streit, an Uneinigkeit.

Kaum jemand erzählt uns aber, dass es pragmatische Gründe haben kann: Was, wenn das zweite Zimmer nur genutzt wird, wenn eine Person frei oder Urlaub hat, die andere aber morgens um sechs aufstehen muss? Was, wenn das zweite Zimmer nur genutzt wird, wenn eine Person Fieber hat und die andere sich nicht anstecken soll? Dann wäre dieses getrennte Schlafzimmer sicher kein Hinweis darauf, dass wir weniger geliebt werden würden, sondern im Gegenteil, es wäre ein Zeichen der Fürsorge unseres Gegenübers.

Möglicherweise hat es auch einen symbolischen Grund: Die getrennten Zimmer sind vielleicht die einzigen Räume in der gemeinsamen Wohnung, in der man keine Kompromisse bei der Einrichtung eingehen muss. Hier darf man sich ausleben, wie man es möchte. Vielleicht steht hier die ungeliebte Spielekonsole oder dieses eine spezielle Möbelstück, das wir nicht so gut finden, aber unser Partner oder unsere Partnerin unbedingt behalten wollte?

Und ganz vielleicht wird dieses zweite, getrennte Schlafzimmer nur drei bis vier Nächte pro Jahr genutzt? Vielleicht ist es ein symbolischer Rückzugsort, falls man sich wirklich mal gestritten hat oder stark krank ist und die andere Person nicht anstecken möchte? Oder ganz pragmatisch: Vielleicht schläfst du einfach allein besser?

Bleiben wir im Schlafzimmer: Habt ihr eine gemeinsame Bettdecke? Oder erscheint es euch »normal«, dass man getrennte Decken hat? Ist es vielleicht sogar praktischer, weil man immer zugedeckt ist? Falls du so geantwortet hast, dann bist du sehr wahrscheinlich in Deutschland beziehungsweise in Westeuropa aufgewachsen. In den USA beispielsweise ist es gängiger, eine gemeinsame Bettdecke zu haben als Paar. Grenzen können auch kulturell eingefärbt sein. Manches sind wir gewöhnt, anderes nicht. Wenn wir in unseren Vorurteilskisten graben, dann steckt bei manchen vermutlich folgender Gedanke drin: Ostdeutsche Familien machen eher FKK als westdeutsche. Hier spielen auch Kultur und Gewohnheit eine Rolle. Wäre es für dich okay, mit deinen Schwiegereltern (in spe) eine Sauna zu besuchen oder am FKK-Strand zu liegen? Während manche diese Vorstellung völlig ablehnen, haben andere das schon ausgelebt. Unsere Grenzen werden auch durch die Familie, in der wir aufgewachsen sind, beeinflusst.

Die bisherigen Beispiele – Bankkonten, Bettdecken, Toilette, ja sogar getrennte Schlafzimmer – sind eine Ansammlung, über die wir mehr oder weniger gut reden können. Es sind auch Themen dabei, mit denen wir bereits konfrontiert waren oder irgendwann sein werden. Manche Grenzen lassen sich pragmatisch lösen, das Bankkonto zum Beispiel. Viele Paare, die ich kenne, haben jeweils eigene und dann ein zusätzliches, gemeinsames Konto. Von diesem gemeinsamen Konto werden Miete, Kredite, alltägliche Dinge des Lebens bezahlt. Die Themen bisher waren gerade noch sachlich genug, dass wir auf eine halbwegs konstruktive Art und Weise in unseren Beziehungen darüber sprechen können, ohne dass es uns *zu* unangenehm wird. Aber was ist mit den heikleren Angelegenheiten wie Geld und Sex? Wer verdient was, und wie entscheiden wir, wie viel jeder auf das gemeinsame Konto überweist? Teilen wir die Miete prozentual nach unserem Gehalt auf oder doch eher paritätisch 50/50? Oder ist hier bereits eine Grenze erreicht: Redet ihr überhaupt in eurer Beziehung über euer Einkommen?

Je mehr wir im Vorfeld über Grenzen sprechen, umso präventiver beugen wir Konflikten vor, die eines Tages entstehen könnten. Denn jetzt haben wir die Kapazitäten, um Kompromisse zu schließen, im Gegensatz zu Momenten, in denen die Probleme akut werden und wir von unseren Gefühlen überrannt sind. Wenn wir »aus Liebe« zulassen, dass unsere Grenzen überschritten werden, summiert sich unsere Frustration. Wir fragen uns, warum wir nicht respektiert werden – wir wahren doch auch die Grenzen der anderen Person, aber auf unsere wird nicht geachtet. Gleichzeitig fordern wir es aber auch nicht vehement genug ein. Und irgendwann explodieren wir und benennen alles auf einmal, was uns stört. Und die andere Person sieht sich konfrontiert mit tausend Dingen, die sie anscheinend falsch macht, und könnte verletzt sein, weil sie es als »*Ich* bin falsch« interpretiert.

Oder aber wir lassen zu, dass unsere Grenzen übergangen werden, und diese Grenzüberschreitungen fügen uns emotional-psychischen Schaden zu. Der Schaden ist vielleicht erst mal nur klein, es sind Mikrorisse in unserer Schutzmauer – aber irgendwann sind da so viele Mikrorisse, dass sie zusammenbricht und wir völlig schutzlos allem ausgeliefert sind. Und vielleicht kommen wir dann nur noch sehr schwer zurück auf die Beine.

Beides lohnt sich nicht.

Und wie ist es beim Sex? Was findest du gut, was würdest du deinem Gegenüber zuliebe mitmachen, weil es für dich zwar nicht erregend, aber dennoch okay ist, und welche Grenzen hast du, die unverrückbar sind? Vielleicht hast du in der Vergangenheit eine sexuelle Erfahrung gemacht über die du heute, rückblickend sagen würdest, »boah, das war echt nicht okay, dass das passiert ist!«, und deshalb ziehst du hier eine Grenze. Wie teilt man das mit?

In einer idealen Welt habt ihr euch im Vorfeld mal zusammengesetzt und besprochen, was ihr gut findet und was absolute No-Gos sind. Wenn wir bei einem Brettspiel erst die Regeln erklären, warum dann nicht beim Liebesspiel? Wenn es aber doch im Eifer des Gefechts zu einer unausgesprochenen Grenzüberschreitung kommen sollte, dann sag das! Sage exakt in dem Moment, notfalls unter Zuhilfenahme deiner Hände »Stopp!«. Lass dich nicht zu etwas überreden oder gar zwingen, wozu du (noch) nicht bereit bist. Du solltest nichts über dich ergehen lassen, sondern als gleichberechtigte erwachsene Person über deinen Körper entscheiden und euer Sexualleben mitbestimmen.

Eher unproblematisch ist es, wenn du gemeinsam mit deinem Partner oder deiner Partnerin deine sexuellen Grenzen erforschen und überwinden möchtest – solange du alles freiwillig mit Einverständnis machst und dabei weder dich selbst noch andere in Gefahr bringst. Für manche besteht die Erregung genau darin: sich sexuell mit jemandem auszuprobieren, Grenzen zu erkunden und vielleicht sogar auszutesten. All das geht aber nur, wenn wir der anderen Person vertrauen können.

Auch bei anderen Grenzen kann es sich durchaus lohnen, sie auszutesten. Vielleicht haben wir eine, die wir überschreiten wollen, weil wir in der Partnerschaft bemerken, dass die andere Person diese nicht hat und entspannter wirkt. Natürlich können wir an uns arbeiten und unsere Grenzen austesten, vielleicht auch verwischen und neu setzen. Aber nur, wenn wir es freiwillig aus eigenen Stücken machen wollen, weil wir uns vielleicht ein bisschen eingeengt von uns selbst fühlen.

ABGRENZUNG UND
EINGRENZUNG

Wessen Regeln und Grenzen befolgen wir eigentlich in unserer Beziehung?

Leider sehr oft: die der anderen. Diese anderen und die Gesellschaft schreiben uns richtig viel vor: Wir sollen arbeiten und Karriere machen, wir sollen aber auch Kinder bekommen. Wir sollen zu Hause bleiben und für diese Kinder sorgen, wir sollen aber auch unsere eigenen Lebensziele verfolgen. Wir sollen uns um alles kümmern, uns aber nicht beschweren. Wir sollen nicht zu früh, aber auch nicht zu spät Kinder kriegen. Wir sollen ständig glücklich in unserer Beziehung sein, aber zu viel Harmonie findet die Gesellschaft suspekt. Wir sollen, wir sollen, wir sollen!

Aber es ist unsere Beziehung – sollten wir deshalb nicht eigene Regeln und Grenzen aufstellen? Warum nach den Regeln der Gesellschaft leben, wenn wir doch gar nicht mit der Gesellschaft in einer Partnerschaft sind?! Wenn du mit deinem Partner oder deiner Partnerin in einer Liebesbeziehung bist, dann sind es eure gemeinsam abgesprochenen Regeln, die für euch gelten.

Vielleicht ist das deine erste Langzeitbeziehung, und deshalb hattet ihr den Anspruch, alles gemeinsam zu machen, und habt erst im Verlauf erkannt, dass ihr auch mal Me-Time braucht. Oder in deiner letzten Beziehung wurden deine Grenzen wiederholt übertreten, und du willst es dieses Mal anders machen. Manchmal ist die räumliche Situation so, dass du keinen Rückzugsort hast, wo du in Ruhe dieses Buch lesen kannst und den Kopf frei kriegst. Wir alle haben unterschiedliche emotionale, psychische und auch räumliche Bedürfnisse.

Grenzen zu ziehen bedeutet nicht, dass du deinen Partner oder deine Partnerin nicht mehr liebst. Es bedeutet auch nicht, dass du keine gemeinsame Zeit, Intimität und Nähe mit deinem Gegenüber haben willst. Es bedeutet, eine eigenständige Person mit einem Leben und Plänen zu sein – seien es Karriere, Hobby oder Freundschaften. Und auch ab und zu ein *ich* zu sein, nicht immer nur ein *wir*. Grenzen schützen. Grenzen zeigen: »Das, was sie behüten, ist mir wichtig!«

Aber auch andere uns wichtige Menschen ziehen an uns und testen unsere Grenzen. Kinder, Freund:innen, Schwiegereltern – eigentlich müssten wir uns klonen, um allen hundertprozentig gerecht zu werden. Nicht nur die Menschen selbst tun das, sondern auch besondere Ereignisse wie Hochzeiten, Geburtstage, Feiertage. Alle in unserem Umfeld haben eigene Ideen, wie etwas gemacht werden soll. Die haben wir aber unter Umständen auch. Welchen dieser Vorstellungen geben wir nun nach? Realistisch betrachtet: im Alltag ganz oft denen der Kinder, denn Kinder übernehmen nun mal das Steuer im Leben ihrer Eltern. An Feiertagen vielleicht eher denen der Schwiegermutter oder unserer eigenen Eltern, weil wir selten zusammenkommen und wir zu Besuch sind. An anderen Tagen handeln wir aber vielleicht nach unseren eigenen Ideen. Können wir dies in den Alltag übernehmen? Die Fähigkeit, uns durchzusetzen, auch im täglichen Leben anwenden oder Momente finden, in denen wir gelassener sind und anderen ihre Vorstellungen lassen, weil sich die Diskussion vielleicht gar nicht lohnt? Auch hier kann es helfen, Grenzen setzen.

Die Wahrheit ist, dass wir nicht allen Aspekten in unserem Leben zu einhundert Prozent gerecht werden können. So wie der Tag nur eine begrenzte Anzahl an Stunden hat, haben auch wir nur eine begrenzte Menge Energie. Wenn du versuchst, es allen und jedem recht zu machen, wirst du kraftlos zurückbleiben. Über einen längeren Zeitraum gesehen läufst du Gefahr, dich ausgebrannt zu fühlen, keine Kraft mehr zu haben und deine Aufgaben nicht mehr bewältigen zu können. Du bekommst ein schlechtes Gewissen und wirst frustriert. Diese Frustration lädst du eventuell bei deinem Gegenüber in eurer Beziehung ab. Ihr landet in einer Schieflage. Wenn du aber für deine:n Partner:in da sein möchtest, dann musst du dich an anderer Stelle abgrenzen und mit deinen Kräften haushalten. Du musst zuerst auf dich als Privat- und Einzelperson achten, damit du ein guter Elternteil, ein:e verständnisvolle:r Partner:in sein kannst. Grenzen setzen hilft uns, gesund zu bleiben, sowohl körperlich als auch psychisch. Deine Beziehung wird nicht an gesunden, nachvollziehbaren Grenzen scheitern. Sie werden viel mehr deine Reaktionen erklären und deine Bedürfnisse schützen.

Was aber, wenn wir uns als Paar anderen gegenüber abgrenzen wollen? Viele gescheiterte Beziehungen haben gemeinsam, dass sie nicht nur Eifersucht und/oder Untreue erlebt haben. Manche scheitern auch an sozialer Ablehnung durch andere.

Soziale Ablehnung betrifft leider bis heute vor allem Paare, die nicht einem traditionellen Bild der Gesellschaft entsprechen. Sie stoßen auf Zurückweisung durch die Familie oder das Umfeld. Das kann – je nach sozialem Milieu – interkulturelle Paare, nonmonogam lebende Paare, kinderlose oder gleichgeschlechtliche Paare betreffen. Wir werden mit Mikroaggressionen konfrontiert. Das können Sprüche sein, die wir uns anhören müssen, oder angebliche Witze, die auf unsere Kosten gemacht werden. Es sind Sticheleien, die zwischen den Zeilen eine Message stecken: Ihr seid anders. Bei sozialer Ablehnung ist eine zweite Botschaft mit dabei: Eure Beziehung ist nicht erwünscht. Ihr seid nicht erwünscht. Wir passen mit unserer Partnerschaft nicht in das Weltbild Dritter, und das lassen sie uns spüren. Wie viele solcher Angriffe können wir aushalten? Wenn man sich nicht abgrenzen kann gegen die anderen, dann zehrt das an den Kräften und Nerven. Mit solchen Bekannten können wir gegebenenfalls den Kontakt abbrechen, aber können oder wollen wir das auch mit unseren Familien tun, wenn sie es sind, die unsere Beziehung ablehnen? Irgendwann kann man nicht mehr. Man ist erschöpft. Und darunter leidet dann die Partnerschaft. Man gibt auf. Die anderen haben bekommen, was sie wollten, die unerwünschte Beziehung ist Geschichte.

Dabei hätten wir eine Grenze ziehen können. Wir könnten den anderen erklären, dass sie uns wichtig sind, aber unsere Beziehung ist es ebenfalls. Und wir würden uns freuen, wenn sie diese nicht kommentieren würden. Wir ziehen eine Grenze.

Sprich deine Grenzen klar und deutlich aus, ohne dabei aggressiv zu sein. Gerade wenn es dir schwerfällt, klare Grenzen zu setzen beziehungsweise zu benennen, ist es erwartbar, dass du dich schämst oder unwohl fühlst. Vielleicht denkst du sogar, dass du das nicht dürfest und jetzt zu egoistisch gewesen seist. Deinem Gegenüber wird es aber helfen, weil er:sie nun weiß, wie er mit bestimmten Momenten umgehen kann.

BEZIEHUNGSBLATT 6: MEINE GRENZEN, UNSERE GRENZEN

Grenzen zu setzen bedeutet nicht, dass du dein Gegenüber weniger liebst, sondern dass wir einfach manchmal auf uns selbst achten müssen. Grenzen zu setzen gibt uns Autonomie. Gleichzeitig brauchen wir auch manchmal Grenzen als Paar zu unserer Umwelt. Was sind deine Grenzen? Und was sind eure Grenzen?

Ich wünsche mir ....,

weil ....

....

....

Ich wünsche mir ....,

weil ....

....

....

Ich wünsche mir ....,

weil ....

....

....

Ich wünsche mir, dass wir als Paar uns abgrenzen von/wenn ....
....,
weil ....

Ich wünsche mir, dass wir als Paar uns abgrenzen von/wenn ....
....,
weil ....

Ich wünsche mir, dass wir als Paar uns abgrenzen von/wenn ....
....,
weil ....

Ich wünsche mir, dass wir als Paar uns abgrenzen von/wenn ....
....,
weil ....

Ich wünsche mir, dass wir als Paar uns abgrenzen von/wenn ....
....,
weil ....

DIE FÜSSE –
GEMEINSAM DEN ALLTAG
NAVIGIEREN

MIR SITZEN UND SASSEN unterschiedlichste Paare und Einzelpersonen gegenüber. Ich bekomme einen Einblick in ihr Leben. Ich erfahre, wie sie mit sich und miteinander umgehen, wie sie ihren Alltag handhaben. Was für die Psychotherapie gilt, gilt genauso in der Paartherapie: Es geht nicht um mich. Meine Themen sind nicht im Fokus. Ich halte mich extrem zurück mit Informationen über mein Leben und mich. Ich gebe nur persönliche Information preis, wenn ich sie als Teil der Behandlung einsetze. Trotzdem ist ein netter Nebeneffekt, dass ich nach Feierabend, durch das Gehörte, immer wieder ins Nachdenken komme und mich selber mit meinen Bedürfnissen hinterfrage. Ich denke an Lisa und Anna mit ihren Streitsituationen und mache mir bewusst, dass meine rationale Art nicht bedeutet, emotionslos zu sein. Ich denke an Paul und sage lieber einmal zu oft als zu wenig, dass mir jemand wichtig ist. Auch im Freundeskreis.

Ich erinnere mich aber auch an all die Paare und Menschen, die ich bis hierher nicht erwähnt habe. Beispielsweise an Alex, der davon berichtet, jeden Abend mit seiner Frau zusammenzusitzen und sich zu unterhalten – bis ihm auffällt, dass sie dann nur über ihre Jobs sprechen. Also nehme ich mir vor, künftig auch weniger über meinen Beruf zu sprechen. Oder Luisa, die durch Arbeit ihren Selbstwert füllen will und wegen ihrer Überstunden immer wieder mit ihrem Freund diskutiert, der sich zurückgewiesen fühlt. Deshalb verabrede ich mich für den Abend, anstatt dieses Buch Korrektur zu lesen. Das kann ich auch morgen noch, das Buch kann mir nicht weglaufen.

So wie meine Patient:innen etwas für ihren Alltag mitnehmen aus den gemeinsamen Sitzungen, so nehme auch ich etwas durch sie alle für mein Leben mit.

Mir gefällt folgendes Sinnbild: Wir tragen uns nicht huckepack einen Weg entlang, sondern wir laufen ihn nebeneinanderher. Wir halten dabei mal Händchen, wir unterhalten uns, wir machen Pause. Wenn jemand stürzt, helfen wir der Person auf. Wir versorgen sie. Und wir erfahren die gleiche Fürsorge, falls wir hinfallen. Wenn wir uns verlaufen, suchen wir gemeinsam nach dem richtigen Weg. Wenn eine:r verletzt ist, stützen wir unsere:n Partner:in, bis er oder sie wieder selbstständig laufen kann. Würden wir die andere Person die ganze Zeit huckepack tragen, dann wären wir sehr schnell aus der Puste. Nach kurzer Zeit könnten wir nicht mehr. Ein Mensch alleine kann die Beziehung nicht stemmen, auch wenn oftmals einer ausreicht, um sie zu beenden. Es braucht beide beziehungsweise alle, um die Beziehung zu führen.

Das Leben hält leider nicht nur schöne Momente für uns bereit. Auf unserem eigenen, aber auch unserem gemeinsamen Weg befinden sich viele Steine. Wir stolpern und fallen immer wieder hin. Es gibt stressige Zeiten oder auch unglaublich traurige, wir bemerken Schmerz, wir bemerken Überforderung. Und gleichzeitig erleben wir auch Momente, in denen wir zufrieden sind, glücklich, wir lachen, wir genießen. Während diese das Ausmaß an Gemeinsamkeit und Verbundenheit erhöhen können, laufen wir bei den unschönen Erlebnissen Gefahr, uns emotional voneinander zu distanzieren. Das muss aber nicht sein, wir können aktiv dagegen vorgehen.

In der Regel gehen wir Partnerschaften nicht ein, weil wir uns nach ein paar Monaten oder Jahren trennen wollen. Wir entscheiden uns für diese Beziehung, weil wir hoffen, dass wir miteinander glücklich werden. Ich höre aber relativ oft, dass das Leben dazwischenkomme.

Unser Alltag ist voller Termine und Pflichten. Die Lohnarbeit nimmt verständlicherweise einen großen Teil unseres Tages ein, obwohl »eine steile Karriere machen« vielleicht gar kein Lebensziel ist.

Oder obwohl viele arbeiten möchten, um zu leben, und nicht leben, um zu arbeiten. Mal angenommen, unsere Arbeitszeit beträgt neun Stunden (acht Stunden Arbeit plus Pause, plus ein paar Minuten früher ankommen und länger bleiben), wir brauchen vielleicht insgesamt eine Stunde für den Fahrtweg, schlafen hoffentlich sieben bis acht Stunden in der Nacht – und schon sind wir bei 17 bis 18 Stunden *pro Tag*. In den verbleibenden sechs bis sieben Stunden wollen wir noch einkaufen, kochen, essen, Wäsche waschen, duschen, andere Termine wahrnehmen, Sport machen und, und, und. Wir haben bei den Grenzen besprochen, dass sich all diese Pflichten und Rollen auf unsere eigene Gesundheit auswirken können – genauso können sie sich auch auf unsere Beziehungsgesundheit auswirken.

WER SIND WIR?

In jedem Lebensbereich erfüllen wir bestimmte Rollen. Wir sind Arbeitnehmende oder Vorgesetzte, wir sind Kind von jemandem, vielleicht seid ihr selber Mutter oder Vater, manche von uns sind Bruder oder Schwester, Tante oder Onkel, Freund:in von anderen Menschen. In all diesen Funktionen verhalten wir uns auf eine bestimmte Art und Weise. Wir versuchen, Erwartungen zu erfüllen, die andere – aber auch wir selbst – an uns haben. Das gilt auch für unsere Partnerschaft, hier schlüpfen wir ebenso in unterschiedliche Rollen. Manche davon sind hoffentlich explizit besprochen, andere schleichen sich über die Zeit ein.

Dass in einer Partnerschaft auch stereotype Rollen übernommen werden, passiert immer wieder, wie mir die Professorin Dr. Aysel Yollu-Tok, Vorsitzende der Sachverständigenkommission für den dritten Gleichstellungsbericht der Bundesbeauftragten, bestätigt. Noch immer ist es in heterosexuellen Beziehungen die Frau, die mehr von der Hausarbeit übernimmt, auch wenn sie genauso erwerbstätig ist wie der Mann. Es gibt aber ebenso Szenarien, in denen beide ähnlich oder gleich viel im Haushalt erledigen: nämlich beispielsweise wenn die Frau in Vollzeit und der Partner in Teilzeit arbeiten.

Wenn diese Aufteilung explizit besprochen und freiwillig ist, ist alles in Ordnung. Es gibt einige Menschen, die sagen, dass sie beim Kochen den Kopf frei bekommen und dass es ihre Me-Time ist. Anderen geht es beim Putzen so.

Diese Rollen können sich besonders in heterosexuellen Beziehungen aber unfreiwillig einschleichen, und der größere Teil der Hausarbeit bleibt an der Frau hängen. Das hat auch gesellschaftliche Gründe. Stell dir eine Singlewohnung von einem Mann und die Singlewohnung einer Frau vor. Gibt es Unterschiede?

Falls nicht, grandios! Wenn doch, dann geht es dir wie vielen anderen Menschen: Wir nehmen einfach an, dass die Wohnung des Mannes unordentlicher ist als die der Frau.

Es geht aber weiter. In einer Studie wurden Teilnehmenden Fotos von ordentlichen und unordentlichen Zimmern gezeigt. Je nach Versuchsbedingung wurde ihnen gesagt, dass dort ein Mann oder eine Frau wohnen würde. Gerne wird ja behauptet, dass Frauen ein anderes Sauberkeitsverständnis hätten als Männer – aber genau das konnte in dieser Studie nicht gezeigt werden. Sowohl Frauen als auch Männer stuften im Durchschnitt die Fotos von den unordentlichen Zimmern auf einer Skala von 0 bis 100 als ähnlich unordentlich und die ordentlichen Wohnungen als ähnlich ordentlich ein. Unabhängig von unserem Geschlecht haben wir also ein weitgehend übereinstimmendes Verständnis von Ordnung und Sauberkeit. Wir bewerten aber Frauen und Männer unterschiedlich, wenn es um Unordnung geht: Für die Teilnehmenden wäre es akzeptabler, wenn ein Mann seine Freund:innen in die unaufgeräumte Wohnung einladen würde, als wenn eine Frau das tun würde. Denn von Männern erwarten wir weniger Ordnung. Unabhängig von der Arbeitszeit der fiktiven Frau setzten die Teilnehmenden voraus, dass sie ordentlicher sein müsse. Sie soll aufräumen und putzen. Und wenn angeblich ein Mann für die saubere Wohnung verantwortlich war, lobten ihn die Teilnehmenden dafür deutlich mehr, als sie es bei einer Frau getan hätten. Für denselben Umstand hatte der fiktive Mann mehr Lob bekommen.[29] Hier drängt sich die Frage auf, was der Grund dafür sein könnte. Mögliche Interpretationen wären, dass wir von Frauen Hausarbeit eher erwarten als von Männern. Es scheint immer noch etwas Besonderes zu sein, dass ein Mann sich um den Haushalt kümmert.

Wer das an den Haaren herbeigezogen findet, den lade ich ein, sich im Alltag umzusehen: Kann es sein, dass Männer mehr oder überhaupt gelobt werden, wenn sie in Elternzeit gehen, aber bei Frauen erwarten wir das automatisch? Kann es sein, dass eine Frau, deren Mann Spaß am Kochen hat, sich »glücklich schätzen« dürfe, aber wie vielen Männern wird das gesagt, wenn die Frau regelmäßig kocht? Die Forschung zeigt sogar, dass in heterosexuellen Beziehungen Frauen öfter die Supermarkteinkäufe erledigen.[30]

Unser Kopf mag »Also bitte, wenn beide da wohnen und Dreck machen, dann sollten auch beide mitanpacken« sagen, aber unser Herz freut sich dennoch darüber, wenn wir Arbeit aufteilen können. Denn auch eine vermeintliche Selbstverständlichkeit wird bei Nichterfüllung interpretiert: Wenn jemand, ohne triftigen Grund wie Krankheit oder Ähnliches, im Haushalt nicht mitanpackt, dann fassen wir das als Respektlosigkeit auf. Wenn wir nicht respektiert werden, empfinden wir das als herablassend. Man schaut auf Menschen herab, die man degradieren will. Durch eine angebliche vertikale Hierarchie wird versucht zu implizieren, wer wichtiger und mehr wert ist. Wir werden also kleingehalten und das, was wir leisten, wird als unwichtig betrachtet. Viele Streitereien beginnen nicht umsonst mit einem Haushaltsthema: Müll runterbringen, abwaschen, aufräumen. Dabei geht es nicht um den Akt an sich, eine Mülltüte ein paar Schritte zu transportieren. Es geht darum, dass womöglich gar nicht registriert wird, welchen *mental load* jemand hat. Dass es oft eine Person in der Beziehung gibt, die gefühlt an alles denkt. Die für ihr Gegenüber mitdenkt. Selbst wenn Aufgaben abgegeben werden, passiert es oft, dass diese eine Person trotzdem im Kopf eine To-do-Liste hat und nachfragt, ob es erledigt wurde. Die Tätigkeit an sich ist delegiert, es muss physisch keine Kraft aufgewandt werden, um sie zu erfüllen. Aber psychisch kostet es Energie, weil man dennoch mitdenkt und diese Aufgabe auf der eigenen To-do-Liste sieht. Der *mental load* erschöpft uns genauso wie die tatsächliche Handlung. Es ist immer noch ein Batzen Arbeit, der unter »Muss erledigt werden« abgespeichert wird. Öfter, als uns lieb ist, ist es in heterosexuellen Beziehungen die Frau, die diesen *mental load* trägt. Glücklicherweise übernehmen Männer immer mehr Aufgaben im Haushalt, und die Rollenverteilung wird gleichberechtigter, aber viele Frauen denken diese Aufgaben dennoch weiterhin mit. Manchmal könnte man meinen, obwohl Johanna von Koczian bereits 1977 ironisch »Das bisschen Haushalt macht sich von allein, sagt mein Mann« gesungen hat, habe sich wenig verändert.

Die gleichberechtigtere Rollenverteilung bei gleichgeschlechtlichen Paaren scheint bei lesbischen Paaren noch mehr der Fall zu sein[31] als bei schwulen.[32] Und dennoch: In allen Liebesbeziehungen schleichen sich über die Zeit Rollen ein. Eine Partei kocht vielleicht öfter oder die andere ist besser in der Terminplanung. Rollenverteilung per se ist nicht schlecht oder negativ, sie wird erst problematisch, wenn wir uns nicht mehr wertgeschätzt fühlen in unserer Rolle beziehungsweise mit den Aufgaben, die wir übernehmen. Wir tun es und bemühen uns, weil uns die andere Person wichtig ist. Aber wird dadurch auch das Lieben leichter? Es kann! Nämlich dann, wenn wir

Anerkennung für unsere Rollen bekommen. Denn wir freuen uns über Anerkennung und wollen sehen, dass sich die andere Person auch um unsere Beziehung und folglich auch um uns bemüht. Wir interpretieren dadurch, dass wir ihr wichtig sind.

Durch all diese alltäglichen Rollen entsteht ab und zu der Eindruck, wir hangelten uns durch sie von Tag zu Tag, und die Zeit ziehe an uns vorbei. Wir jagen nur hinterher. Es ist eigentlich unumgänglich, das irgendetwas auf der Strecke bleibt. Traurigerweise ist das bei vielen Paaren immer wieder die Zweisamkeit. Deine Beziehung möchte aber Zeit gewidmet bekommen. Positive Kommunikation, eine funktionale Sexualität und persönliche sowie gemeinsame Entwicklung geschehen nicht von selbst. Es ist ein großes Glück, dass ihr euch gefunden habt! Unter acht Milliarden Menschen habt ihr zwei euch entdeckt, ihr habt euch ineinander verliebt, viele eurer Ansichten ergänzen sich, ihr habt ähnliche Interessen und findet euch attraktiv. Aber nach einer Weile laufen wir Gefahr, unser Gegenüber und die Beziehung als selbstverständlich hinzunehmen. »Ach, wir wohnen doch eh zusammen und sehen uns«, denkt man sich. Aber Zeit miteinander verbringen und zweisam sein sind unterschiedliche Paar Schuhe. Alle Paare mit einer glücklichen Langzeitbeziehung haben eines gemeinsam: Sie arbeiten aktiv an ihrer Beziehung.

Kommunikation ist ein Faktor, der zu einer funktionierenden Partnerschaft beiträgt und zum Beispiel sexuellen Funktionsstörungen vorbeugt. Es scheint vor allem die Art und Weise zu sein, wie Paare miteinander kommunizieren, die hilfreich ist. In einer idealen Welt ist das Verhältnis im Durchschnitt 5:1. Auf fünf positive Kommentare kommt ein negativer.[33] Ich hoffe, dass ich euch bis hierhin Möglichkeiten aufzeigen konnte, wie ihr eure Kommunikation gut gestalten könnt. Nun ist das Leben natürlich keine Forschung, und wir beobachten uns nicht von außen, wenn wir miteinander sprechen. Daher können wir für unsere Partnerschaft wahrscheinlich gar nicht sagen, wie das Verhältnis in unserer Kommunikation miteinander ist – müssen wir vielleicht aber auch nicht. Die Message hier ist ja eine eindeutige: Es sollte mehr positive Kommentare geben als negative. Einige mehr! So überraschend ist das Ganze auch nicht. Wenn jemand ständig an uns herumnörgelt und wir niedergemacht werden, dann werden wir unzufrieden. Wenn wir unzufrieden sind, werden wir unglücklich. Warum sollten wir unser Leben mit einem Menschen verbringen, der uns unglücklich macht? Auch defensives Verhalten scheint nicht gut für die Kommunikation in einer Partnerschaft zu sein. Wenn jemand ständig Ausreden findet und keine Verantwortung für das eigene Fehlverhalten übernimmt, dann haben wir irgendwann auch keine Lust mehr auf eine Beziehung mit dieser Person. Wir wollen, dass unser Gegenüber geradesteht für seine beziehungsweise ihre Taten.

WAS WOLLEN WIR?

Kommunikationsprobleme können uns unzufrieden machen. Unsere Frustration kann aber auch andere Gründe haben. Nicht immer sind wir unglücklich mit der Beziehung, sondern wir sind es mit uns selbst und lassen das aber an der anderen Person aus. Vielleicht ist es aber auch beides: Wir sind unzufrieden mit uns und unserer Partnerschaft, der Alltag ist vielleicht eingekehrt. Es ist Stillstand, wir entwickeln uns nicht mehr weiter. Dabei ist die Entwicklung, die persönliche, aber auch die als Paar, ein wichtiger Faktor von glücklichen Langzeitbeziehungen. »Man hat sich wieder was zu erzählen«, würden manche Paare sagen.

Du kannst dich selbst weiterentwickeln, indem du dir Lebensziele setzt, die *smart* sind: spezifisch (so genau wie möglich), *messbar* (hast du es gemacht oder nicht?), *attraktiv* (du solltest das Ziel auch wirklich erreichen wollen), *realistisch* (nicht übertrieben, nicht zu hoch gesteckt) und *terminiert* (bis zu einem bestimmten Stichtag erreicht). Hilfreich ist es zudem, wenn deine Ziele verhaltensbasiert sind anstatt erlebnisorientiert. Ein erlebnisorientiertes Ziel wäre: »Ich will mehr Freizeit haben.« Verhaltensbasierte Ziele sind detaillierter: Was genau willst du wann machen mit mehr Freizeit?

Manche Menschen führen eine *bucket list*, eine Liste mit Erlebnissen oder Zielen, die sie in ihrem Leben erreichen wollen. Auch das kann hilfreich sein – aber bedenke: Eine *bucket list* ist nicht *smart*, sondern nur *smar*. »Im Laufe meines Lebens« ist kein Stichtag. Mach ich's heute nicht, mach ich's morgen. Planbarer können Ziele sein, wenn du eine solche Liste für das kommende Jahr oder bis zu deinem nächsten runden Geburtstag führst.

Übrigens scheint es so zu sein, dass wir Menschen Annäherungsziele wahrscheinlicher erreichen als Vermeidungsziele. Ein Annäherungsziel ist die Formulierung, etwas zu erreichen, also dem Erfolg ein Stück näherzukommen. Ein Vermeidungsziel ist die Abwendung von Bedrohung oder Schaden. Statt also festzuhalten, dass du weniger Überstunden machen willst, solltest du formulieren, dass du pünktlich zum gemeinsamen Abendessen mit deiner Partnerin oder deinem Partner Feierabend machen willst.

So eine Liste könnt ihr auch gemeinsam als Paar erstellen: Was wollt ihr wann miteinander unternehmen? Womöglich denkst du gerade an Urlaub – diesen planen viele von uns, die es sich leisten können, relativ regelmäßig. Aber ich meine keinen Urlaub. Habt ihr auch für zwischendurch, für den Alltag, Unternehmungen fest eingeplant? Ritualisiert eure gemeinsame Zeit. Ein fixer Termin pro Woche oder pro Monat – je nachdem, was in eurer jetzigen Lebensphase realistisch ist – ohne Ablenkung und ohne Pflichten, der nur euch zweien gehört. Das klingt nach Date Night und ist es tatsächlich auch. Wir assoziieren Dating in der Regel mit der Zeit vor unserer oder maximal am Anfang unserer Beziehung. Na gut, vielleicht auch noch zu besonderen Anlässen wie Geburtstag oder Jahrestag. Aber warum eigentlich? Wer sagt, dass man sich nicht auch in einer romantischen Liebesbeziehung immer wieder zu einem Date verabreden darf?

Zu Beginn kann das gezwungen wirken, dass man genau in diesem Moment jetzt miteinander etwas machen müsse – aber durch häufige Wiederholung entsteht Routine, und aus Routine wird Normalität. Wenn es neu ist, ist es ungewohnt. Deshalb kommt es uns anfangs künstlich vor. Diese Art von *Quality Time* kann die Zufriedenheit mit der Beziehung erhöhen – denn wir sehen unsere Partner:innen im Alltag, wir verbringen auch viel Zeit mit ihnen, aber ist diese wirklich qualitativ wertvoll? Zusammen den Haushalt zu erledigen ist zwar auch irgendwie eine gemeinsame Aktivität, aber ich möchte die Qualität dennoch in Frage stellen.

Die gemeinsame Zeit ohne Ablenkung muss keine große Unternehmung sein. Sie muss auch kein Geld kosten. Ich habe ein Paar in meinem Freundeskreis, das eine Art Code entwickelt hat. Wenn eine Partei fragt, ob das Gegenüber Lust auf einen Spaziergang hat, wissen beide: Es gibt Redebedarf. Auf dem Spaziergang wird dann darüber gesprochen, was aktuell belastet. Und während sie durch die Stadt flanieren, findet eine emotionale Annäherung statt.

Dass der Alltag in eine Beziehung einkehrt und wir uns emotional voneinander entfernen, braucht keine Absicht – das geschieht nebenher, ohne dass wir uns darauf fokussieren. Wir führen es nicht bewusst herbei. Im Gegenteil. Es passiert gerade deshalb, weil wir nicht aktiv dagegen vorgehen. Wenn wir uns aber Zeit nehmen und gemeinsam an unserer Beziehung arbeiten, ist die Wahrscheinlichkeit höher, dass wir einander emotional nahe bleiben. Dann fällt es uns auch leichter, unsere Befürchtungen zu überwinden und uns zu öffnen. Uns zu zeigen, wie wir wirklich sind. Wir ermöglichen unserem Gegenüber, als die Person zu lieben, die wir sind.

BEZIEHUNGSBLATT 7: DIE ZUKUNFT

Bis hierhin haben wir über die Vergangenheit und Gegenwart gesprochen. Ich habe aufgezeigt, wie ihr mit schwierigen Situationen umgehen
und über welche wichtigen Themen ihr wie sprechen könnt. Ihr habt
alles, was ihr für eine gelingende Beziehung braucht, das Besprechen
eurer Zukunft ist eine Aufgabe für euch allein, ohne meine Hilfe.

Du und dein Partner beziehungsweise deine Partnerin sitzt vor mir.

- Was erzählt ihr mir bezüglich eurer Zukunft? Habt ihr schon miteinander darüber gesprochen, oder passiert das gerade zum ersten Mal?
  Habt ihr euch vielleicht heimlich, jede:r für sich selbst, Zukunftsfantasien
  gemacht?
- Wollt ihr ein Kind oder Kinder? Wenn ja: Wann? Wenn nein: Verhütet
  ihr? Wollt ihr eine gemeinsame Immobilie kaufen? Wollt ihr noch mal
  umziehen?
- Hofft ihr, miteinander alt zu werden?
- Was ist euch wichtig? Wie wollt ihr diese wichtigen Aspekte gemeinsam verfolgen?

HEUTE

2023

Psychologie zu studieren und Psychologe zu sein bedeutet nicht, sich mit den eigenen Themen auseinandergesetzt zu haben. Es bedeutet, dass man wissenschaftlich arbeiten kann, um andere Menschen besser verstehen zu können.

Heute, als Psychotherapeut, Gruppen-Psychotherapeut und Paar- und Sexualtherapeut habe ich etliche Stunden Selbsterfahrung hinter mir. Ich habe viel Zeit damit verbracht, über mich, meine Erfahrungen und meine Befürchtungen zu reflektieren.

Ich weiß, dass ich in der Frühstückssituation vor zehn Jahren aus Angst so reagiert habe. Aus Angst, dir mein Innerstes zu zeigen, wollte ich dich testen, ohne es dir zu sagen.

Hättest du meine Frühstücksauswahl verschmäht, wäre ich darauf vorbereitet gewesen, mit dieser Angst konnte ich umgehen.

Ich wollte mich wie eine Zwiebel, Schale für Schale, schälen und deine Reaktionen sehen. Ich bin vorsichtig geworden, weil es einen Moment in meinem Leben gab, bei dem ich mir einen fatalen Satz abgespeichert habe: »Wenn du dich Menschen so zeigst, wie du bist, dann werden sie dich ablehnen!« Diesen Satz habe ich mir aber nicht laut vorgesagt, sondern er ist eine implizite Annahme, die ich in einer hinteren Ecke meines Gehirns abgespeichert habe.

Genau diese Annahme wurde zehn Jahre später, durch dich, aktiviert, als ich bemerkt habe, dass du mich so mögen könntest, wie ich wirklich bin. Für mich gab es damals nur eine logische Schlussfolgerung: Auch du wirst mich ablehnen, wenn du mich so siehst, wie ich wirklich bin. So wie es schon einmal passiert ist. Damals hat es mir den Boden unter den Füßen weggezogen – damit das nicht noch mal geschieht, habe ich versucht, die Kontrolle an mich zu reißen. Bevor du mich eines Tages verlässt, vermeintlich aus dem Nichts, vermeintlich, weil ich dir mein wahres Ich gezeigt habe, beende ich die Sache lieber. Es gab aber keinen rationalen Grund, dich nicht mehr sehen zu wollen, daher musste ich mir einen Streit ausdenken.

Mit 26 war für mich die Vorstellung nicht aushaltbar, dass du mir das Herz brechen könntest. Ich wusste, wie ich mit 16 gelitten hatte, ich wollte das nicht noch mal erleben.

Heute, weitere zehn Jahre später, mit 36, weiß ich, dass ich mit meinem Verhalten dazu beigetragen habe, dass mein Herz gebrochen wurde.

Ich selbst habe es mir indirekt gebrochen. Bevor du mich verletzt, tue ich es lieber selbst mit Ansage, weil es dann nicht unerwartet passiert. Ich konnte mich ein paar Minuten lang darauf vorbereiten. Ich war gewappnet, der Boden wurde nicht weggezogen. Heute weiß ich allerdings auch, dass ich dazu beigetragen habe, meine Annahme zu bestätigen und zu verstärken: »Siehst du, Umut, war doch klar, niemand wird es mit dir aushalten! Früher oder später wirst du wieder verlassen werden und einsam und allein zurückbleiben!«

Mittlerweile kann ich nur noch ungläubig den Kopf über mich selbst schütteln. Wie irrational! Ich habe mich selbst um viele schöne Erinnerungen gebracht, die wir zwei miteinander hätten aufbauen können. Wer weiß, was wir erlebt, worüber wir gelacht, welche schönen Momente wir gehabt hätten. Stattdessen habe ich mich mir selbst in den Weg gestellt, weil es ein Risiko gab, dass du mir mein Herz brechen könntest. Aus vermeintlichem Selbstschutz ist aber letztendlich genau das passiert.

Dabei habe ich die andere Option völlig aus den Augen verloren: Vielleicht hätten sich meine Befürchtungen überhaupt nicht bewahrheitet? Vielleicht hätten wir glückliche Jahre miteinander verbracht.

Ich habe mir verziehen und mich weiterentwickelt. Mit 26 hätte ich nicht anders reagieren können, weil ich Angst hatte, so zu leiden wie mit 16. Ich bin aber nicht mehr 16. Und du bist eine neue Person – du bist nicht die Menschen von damals. Ich habe dir Unrecht getan, indem ich dich so behandelt habe, als wärst du jemand anderes. Ich habe an dir ausgelassen, wofür andere verantwortlich waren. Wir beide konnten nichts dafür.

Heute, zehn Jahre später, würde ich dir wieder Frühstück zubereiten. Ich würde dir wieder deutschen und türkischen Käse hinstellen. Ich würde dir wieder deutsche und türkische Wurst hinstellen. Ein Teil von mir würde immer noch hoffen, dass dir das türkische Essen schmeckt. Ein anderer Teil würde mir selbst aber auch sagen, dass deine Vorlieben beim Essen nichts darüber aussagen, ob du meine Charakterzüge mögen wirst.

Wir würden frühstücken, und ich würde dir erzählen, dass ich mit 26 ein Erlebnis hatte und wie ich aus Angst darauf reagiert hatte. Ich würde dir erklären, warum ich so gehandelt habe, was passiert ist, als ich 16 war. Und ich würde erwähnen, dass es mir unangenehm ist, darüber zu sprechen, aber dass ich dir genug vertraue, um mich zu öffnen. Vielleicht könnte ich dir nicht in die Augen schauen vor Scham, und dennoch würde ich es dir erzählen.

Ich würde dich darum bitten, dass du mich in der Zukunft – sollte ich jemals für dich nicht nachvollziehbar irrational reagieren – direkt fragst, ob ich so handle, weil wieder die Angst in meinem Kopf schreit.

Und du würdest dich vermutlich bedanken, denn du magst mich ja so, wie ich bin. Vielleicht würdest du mich sogar noch mehr mögen, weil ich dir ein Stück meines Innersten gezeigt habe.

Ich würde die Erfahrung machen, dass du mich nicht ablehnst, wenn ich mich offen und verletzlich zeige.

Ich hätte meinen Teil dazu beigetragen, dass wir uns ein Stück nähergekommen sind, anstatt aus fadenscheinigem Grund Distanz aufzubauen.

Ich würde eine andere Strategie anwenden als früher.

LITERATUR

1 Hatfield, E. & Rapson, R. L. (1993). *Love, sex, and intimacy: Their psychology, biology, and history.* New York: Harper Collins College Publishers.

2 Sternberg, R. J. (1986). A triangular theory of love. *Psychological Review, 93*, 119–135. Doi: 10.1037/0033–295X.93.2.119.

3 Lehmiller, J. J. (2018). *The Psychology of Human Sexuality* (2 Aufl.) Hoboken, NJ: Wiley Blackwell.

4 Rusbult, C. E.; Martz, J. M. & Agnew, C. R. (1998). The Investment Model Scale: Measuring commitment level, satisfaction level, quality of alternatives, and investment size. *Personal Relationships, 5* (4), 357–387. Doi: 10.1111/j.1475–6811.1998.tb00177.x.

5 Le, B. & Agnew C. R. (2003). Commitment and its theorized determinants: A meta-analysis of the Investment Model. *Personal Relationships, 10* (1), 37–57. Doi: 10.1111/1475–6811.00035.

6 Willitts, M.; Benzeval, M. & Stansfeld, S. (2004). Partnership history and mental health over time. *Epidemiology & Community Health, 58* (1), 53–58. Doi: 10.1136/jech.58.1.53.

7 Albani, C.; Blaser, G.; Geyer, M.; Schmutzer, G.; Goldschmidt, S. & Brähler, E. (2009). Wer nimmt in Deutschland ambulante Psychotherapie in Anspruch? *PPmP – Psychotherapie, Psychosomatik, Medizinische Psychologie, 59* (7), 281–283. Doi: 10.1055/s-0028–1103267.

8 Linden, M.; Förster, R.; Oel, M. (1993). Verhaltenstherapie in der kassenärztlichen Versorgung: Eine versorgungsepidemiologische Untersuchung. *Verhaltenstherapie, 3*, 101–111. Doi: 10.1159/000258751.

9 Petrowski; K.; Hessel, A.; Körner, A.; Weidner, K.; Brähler, E. & Hinz, A. (2014). Die Einstellung zur Psychotherapie in der Allgemeinbevölkerung. *PPmP – Psychotherapie, Psychosomatik, Medizinische Psychologie, 64* Doi: 10.1055/s-0033–1361155.

10 Jia, H. & Lubetkin, E. I. (2020). Life expectancy and active life expectancy by marital status among older U.S. adults: Results from the U.S. Medicare Health Outcome Survey (HOS). *SSM – Population Health, 12*, 100642. Doi: 10.1016/j.ssmph.2020100642.

11 Shechory, M. & Zev, R. (2007). Relationships between Gender Role

Attitudes, Role Division, and Perception of Equity among Heterosexual, *Gay and Lesbian Couples. Sex Roles, 56,* 629–638. Doi: 10.1007/s11199–007-9207-3.

12 Grawe, K. (2000). *Psychologische Therapie.* Berlin: Springer.

13 Gottman, J. M. (1994). *What predicts divorce? The relationship between marital processes and marital outcomes.* Hillsdale (NJ, USA): Lawrence Erlbaum Associates Inc.

14 Ainsworth, M. & Witting, B. A. (1969). Attachment and exploratory behaviour in one-year-olds in a strange situation. In B. Foss (Hrsg.), *Determinants of infant behavior* (Vol. 4, S. 113–136). London: Methuen.

15 Van IJzendorrn, M. H. & Kroonenberg, P. M. (1988). Cross-Cultural Patterns of Attachment: A Meta-Analysis of the Strange Situation. *Child Development, 59*(1), 147–156. Doi: 10.2307/1130396.

16 Chapman, G. (1992). *The Five Love Languages: How to Express Heartfelt Commitment to Your Mate.* New York (USA): Northfield Publishing.

17 Watzlawick, P. (2016). *Man kann nicht nicht kommunizieren* (2. Unveränderte Aufl.). Göttingen: Hogrefe.

18 Schulz von Thun, F. (1981). *Miteinander reden I. Störungen und Klärungen.* Reinbek: Rowohlt.

19 Frederick, D. A.; Gillespie, B. J.;

Vincent Berardi, J. L. & Garcia, J. R. (2021). Debunking Lesbian Bed Death: Using Coarsened Exact Matching to Compare Sexual Practices and Satisfaction of Lesbian and Heterosexual Women. *Archives of Sexual Behavior, 50,* 3601–3619. Doi: 10.1007/s10508–021-02096-4.

20 Both, S.; Lew-Starowicz, M.; Luria, M.; Sartorius, G.; Maseroli, E.; Tripodi, F.; Lowenstein, L.; Nappi, R. E.; Corona, G.; Reisman, Y. & Vignozzi, L. (2019). Hormonal Contraception and Female Sexuality: Position Statements from the European Society of Sexual Medicine (ESSM). *The Journal of Sexual Medicine, 16* (11), 1681–1695. Doi: 10.1016/j.jsxm.2019.08005.

21 Basson, R. (2001). Using a Different Model for Female Sexual Response to Address Women's Problematic Low Sexual Desire. *Journal of Sex & Marital Therapy, 27*(5), 395–403. Doi: 10.1080/713846827

22 Buss, D. M.; Larsen, R. J.; Westen, D. & Semmelroth, J. (1992). Sex differences in jealousy: Evolution, physiology, and psychology. *Psychological Science, 3*(4), 251–255. Doi: 10.1111/j.1467–9280.1992.tb00038.x.

23 Carpenter, C. J. (2012). Meta-analyses of sex differences in responses to sexual versus emotional infidelity: Men and women are more similar than different. *Psychology of Women*

Quarterly, 36, 25–37. Doi: 10.1177/0361684311414537.

24 Luo, S.; Cartun, M. A. & Snider, A. G. (2010). Assessing extradyadic behavior: A review, a new measure, and two new models. *Personality and Individual Differences, 49*, 155–163. Doi: 10.1016/j.paid.2010.03033.

25 Gallup jr., G. G.; Burch, R. L.; Zappieri, M. L.; Parvez, R. A.; Stockwell, M. L. & Davis, J. A. (2003). The human penis as a semen displacement device. *Evolution and human behavior, 24* (4), 277–289. Doi: 10.1016/S1090–5138(03)00016–3.

26 Zimmer, F. & Imhoff, R. (2020). Abstinence from Masturbation and Hypersexuality. *Archives of Sexual Behavior, 49*, 1333–1343. Doi: 10.1007/s10508–019-01623–8.

27 Dilling, H. & Freyberger, H. J. (Hrsg.) (2014). *Taschenführer zur ICD-10-Klassifikation psychischer Störungen* (7., überarb. Aufl.). Bern: Huber.

28 Grubbs, J. B.; Hoagland, K. C.; Lee, B. N.; Grant, J. T.; Davison, P.; Reid, R. C. & Kraus, S. W. (2020). Sexual addiction 25 years on: A systematic and methodological review of empirical literature and an agenda for future research. *Clinical Psychology Review, 82*, 101925. Doi: 10.1016/j.cpr.2020101925.

29 Thébaud, S.; Kornrich, S. & Ruppanner, L. (2019). Good Housekeeping, Great Expectations: Gender and Housework Norms. *Sociological Methods & Research, 50* (3),1186–1214, Doi: 10.1177/0049124119852395.

30 Taylor, B. D.; Ralph, K. & Smart, M. (2015). What Explains the Gender Gap in Schlepping? Testing Various Explanations for Gender Differences in Household-Serving Travel. *Social Science Quarterly, 96* (5), 1493–1510. Doi: 10.1111/ssqu.12203.

31 Brewster, M. E. (2016). Lesbian Women and household labor division: A systematic review of scholarly research from 2000 to 2015. *Journal of Lesbian Studies, 21* (1), 47–69. Doi: 10.1080/10894160.20161142350.

32 van der Vleuten, M.; Jaspers, E. & van der Lippe, T. (2020). Same-Sex Couples' Division of Labor from a Cross-National Perspective. *Journal of GLBT Family Studies, 17* (2), 150–167. Doi: 10.1080/1550428X.20201862012.

33 Gottman, J. M. (1994). *What predicts divorce? The relationship between marital processes and marital outcomes.* Hillsdale (NJ, USA): Lawrence Erlbaum Associates Inc.